Juventus, Fino alla Fine

Le 100 partite più belle degli ultimi 50 anni

Riccardo Andreasi

novus
liber

Paperback ISBN 978-1-961963-33-7

1a edizione: Ottobre 2022
Nuova edizione aggiornata: Settembre 2025

"Alla Juve vincere non è importante,
è l'unica cosa che conta"

(Giampiero Boniperti)

Indice

Introduzione

"Per che squadra tifi?"

Quando ero bambino ricordo che questa era una delle domande più frequenti che gli adulti mi rivolgevano. All'epoca – sono nato nel 1971 – la scelta era abbastanza ristretta per chi viveva tra Lombardia e Piemonte: Juve, Inter o Milan. Mio padre era interista, aveva anche provato a farmi sposare la causa nerazzurra ma senza troppa convinzione, evidentemente. Ricordo solo che a un certo punto – forse stufo di non saper mai cosa rispondere a quella domanda – decisi che ero juventino. Avrò avuto 5 o 6 anni, non di più.

Il perché di quella scelta, che mi avrebbe poi felicemente accompagnato per il resto della vita, non lo conosco. Probabilmente mi piaceva la semplicità del bianco e nero o più probabilmente ero influenzato dalle frequenti vittorie della Juve di Trapattoni. Non si trattava in fin dei conti di una scelta così impegnativa. Al giorno d'oggi può sembrare strano, ma in quegli anni essere tifoso di una squadra significava leggere qualche articolo sul giornale e guardare i gol a Novantesimo Minuto e

1

alla Domenica Sportiva. La massima emozione concessa a noi piccoli tifosi era la trasmissione in diretta sulla RAI delle partite di Coppa al mercoledì.

Nel corso degli anni la passione per i colori bianconeri è sempre cresciuta, rinforzata non solo dalle tante fantastiche vittorie ma anche dalle poche ma cocenti delusioni. I cinquant'anni sono un periodo di bilanci esistenziali e, per un tifoso, l'occasione di ripensare alle più belle vittorie della squadra del cuore. Come juventino mi ritengo incredibilmente fortunato. Da quando sono nato la Juventus ha vinto 25 scudetti, 9 Coppe Italia, 9 Supercoppe Italiane, 2 Coppe dei Campioni, 1 Coppa delle Coppe, 3 Coppe UEFA, 2 Supercoppe UEFA e 2 Coppe Intercontinentali. Sono 53 trofei, poco più di uno all'anno. Questi numeri spiegano sia il nostro orgoglio sia l'invidia, che troppo spesso sfocia in becero odio antijuventino, del resto dei tifosi italiani. Da un po' di tempo questa serie si è interrotta ma stiamo ponendo le basi per futuri cicli vincenti, o perlomeno lo spero.

In questo libro ho raccolto oltre cento partite memorabili che la Juve ha disputato dal 1971 ad oggi. Per ognuna ho riportato il tabellino completo e scritto un breve resoconto basato sui miei ricordi. Per gli incontri più vecchi sono ovviamente dovuto ricorrere ai giornali dell'epoca. Siccome le parole non hanno lo stesso potere evocativo delle immagini, ho anche inserito un collegamento diretto al video con le azioni salienti di ogni partita: basterà inquadrare il QR code con il tuo cellulare o tablet e potrai ammirare i gol di Bettega, Platini o Del Piero.

Per chi è questo libro? Anzitutto per gli juventini "stagionati" come me, ai quali farà sicuramente piacere rivivere le tante gioie che la Vecchia Signora ci ha regalato negli ultimi cinquant'anni. Non parlo solo trofei vinti (mai abbastanza) ma anche di tante belle partite di campionato o di coppa che col tempo sono rimaste sepolte nella nostra memoria. Poi per i tifosi più giovani che non hanno potuto vedere tanti grandi campioni di cui però hanno sentito parlare dai loro padri. Infine, per chiunque ami il calcio: la Juventus è un patrimonio dello sport italiano e conoscerne la storia non dovrebbe essere un privilegio riservato ai soli juventini.

Mi auguro che rivivere queste vittorie bianconere possa donarvi le emozioni che ho provato io nello scrivere questo libro.

Buona lettura!

Istruzioni per l'uso

Al termine di ogni scheda-partita troverai un QR code. Ti basterà inquadrarlo con il tuo smartphone (o tablet) per accedere al video su YouTube con le azioni più importanti ed i gol della partita di cui hai appena letto la storia.

Facciamo una prova? Inquadra il QR code qua sotto e goditi i 64 gol più belli della storia bianconera!

Scansiona questo QR-code
col cellulare!

1971 - 1979

Juventus 1976/77

JUVENTUS – INTER 3-0

Torino, 23/04/1972 – Serie A

A quattro giornate dalla fine, la classifica in vetta è molto corta con ben tre squadre (Torino, Juve e Cagliari) in un solo punto. La svolta arriva alla 27esima giornata quando la Juve affronta in casa l'Inter – campione d'Italia in carica - ed il Toro, capolista, fa visita al Milan a San Siro. Al Comunale la partita è senza storia grazie alla buona prestazione della squadra di Vycpalek ed alla stanchezza psico-fisica dei nerazzurri, reduci dalla vittoria ai calci di rigore dopo 120 minuti di battaglia con il Celtic di Glasgow, nel ritorno della semifinale di Coppa dei Campioni.

Il primo gol arriva dopo nemmeno dieci minuti, grazie ad un bello stacco di testa di Causio su cross dalla destra di Haller. Il copione si ripete prima della mezz'ora, Haller scodella in area un pallone invitante su cui si avventa ancora Causio, destro al volo e rete. Nel finale il 'Barone' rende memorabile la sua partita con una tripletta: controllo al limite dell'area, tiro e pallone insidioso che si infila alla destra di Vieri. Le rivali dei bianconeri crollano: perde il Toro a San Siro, il Cagliari non va oltre il pareggio casalingo col Varese. La Juve sale in testa alla classifica con un punto di vantaggio sulle concorrenti. Ultimo ostacolo il confronto diretto con il Cagliari di Gigi Riva.

JUVENTUS: Piloni, Spinosi, Marchetti, Furino, Morini, Salvadore, Causio, Cuccureddu (73' Savoldi), Anastasi, Capello, Haller – In panchina: Carmignani – All.: C. Vycpalek

INTER: Vieri, Oriali, Facchetti, Bedin, Giubertoni, Burgnich, Jair (66' Fabbian), Bertini, Pellizzaro, Mazzola, Corso – In panchina: Bordon – All.: Invernizzi

ARBITRO: Pieroni

RETI: 7', 27' e 85' Causio

NOTE: Stadio Comunale, spettatori 50.000 circa

Guardala su Youtube!

JUVENTUS – CAGLIARI 2-1

Torino, 07/05/1972 – Serie A

A tre giornate dalla fine del campionato la classifica dice Juventus 38, Cagliari e Torino 37, Milan 36. A Torino si scontrano le prime due della classe in un match che può voler dire scudetto. Il Cagliari ha vinto il suo unico tricolore due anni prima, la Juve è invece a digiuno da ben cinque anni. Il Comunale registra il tutto esaurito ed il record d'incasso (178 milioni di lire). I bianconeri partono forte e dopo venti minuti passano in vantaggio: cavalcata di un imprendibile Cuccureddu sulla fascia destra, cross teso al centro dell'area piccola dove Furino, approfittando di una carambola tra Albertosi ed un difensore sardo, insacca a porta vuota.

Nella ripresa è il Cagliari a fare la partita: prima colpisce una traversa con Nenè dalla distanza, poi raggiunge il pareggio con Gori imbeccato al centro dell'area da un assist di Domenghini. I bianconeri non ci stanno e riprendono ad attaccare a testa bassa. Gli sforzi vengono premiati al 73' quando Anastasi con un guizzo supera il suo marcatore e infila Albertosi con un preciso diagonale di sinistro. Nel finale Furino e Cera vengono alle mani e l'arbitro Toselli mostra ad entrambi il cartellino rosso. Il risultato non cambia e la Juve di fatto conquista il suo 14° scudetto.

JUVENTUS: Piloni, Spinosi, Marchetti, Furino, Morini, Salvadore, Causio, Cuccureddu, Anastasi, Capello, Haller – In panchina: Carmignani, Savoldi – All.: C. Vycpalek

CAGLIARI: Albertosi, Poletti, Mancin (59' Vitali), Cera, Niccolai, Tomasini, Domenghini, Nenè, Gori, Brugnera, Riva – In panchina: Reginato – All.: M. Scopigno

ARBITRO: Toselli

RETI: 28' Furino, 61' Gori, 73' Anastasi

NOTE: Stadio Comunale, spettatori: 70.000 – Ammoniti Haller, Poletti – Espulsi Furino e Cera

Guardala su Youtube!

DERBY COUNTY – JUVENTUS 0-0

Derby, 25/04/1973 – Coppa dei Campioni

Nella stagione 1972/73 la Juventus raggiunge per la prima volta la finale della Coppa dei Campioni. Il cammino verso Belgrado, sede designata dell'evento, passa attraverso il superamento del turno contro i francesi del Marsiglia, i tedeschi orientali del Magdeburgo, gli ungheresi dell'Ujpest ed in semifinale degli inglesi del Derby County, laureatisi campioni d'Inghilterra l'anno precedente. L'allenatore avversario è quel Bryan Clough che pochi anni dopo sarà l'artefice del 'miracolo' Nottingham Forest, vincitore di due Coppe dei Campioni consecutive.

Nella gara di andata, disputata al pomeriggio per un guasto all'impianto di illuminazione, la Juve si impone per 3-1 grazie ad una doppietta di Josè Altafini ed al gol di Franco Causio. Al ritorno in Inghilterra, i padroni di casa sprecano molte occasioni – tra le quali un calcio di rigore – per riaprire il discorso qualificazione e spianano ai bianconeri la strada per la finale di Belgrado, dove verranno sconfitti dal grande Ajax di Cruyff (1-0, gol di Rep al 5').

DERBY COUNTY: Boulton, Webster, Todd, Daniel (24'st Sims), Nish, O'Hare, McGovern, Powell (1'st Durban), Hinton – Hector, Davies – All.: B. Clough

JUVENTUS: Zoff, Salvadore, Spinosi, Morini, Marchetti, Cuccureddu (22'st Longobucco), Capello, Furino, Causio, Altafini, Anastasi – All.: C. Vycpalek

ARBITRO: Marques Lobo (Portogallo)

NOTE: The Baseball Ground – Espulso Davies al 19'st, ammonito Salvadore.

Guardala su Youtube!

ROMA – JUVENTUS 1-2

Roma, 20/05/1973 – Serie A

Uno dei finali di campionato più emozionanti della storia del calcio italiano. Quando manca solo una giornata al termine, la classifica dice: Milan 44, Lazio e Juve 43. Il Milan deve giocare a Verona, la Lazio a Napoli e la Juventus all'Olimpico contro i giallorossi; tutti e tre gli avversari sono già salvi e non hanno particolari obiettivi da raggiungere. I tifosi delle squadre coinvolte in questo finale thrilling devono attendere per sapere come stanno andando le cose: all'epoca la trasmissione radiofonica "Tutto il calcio minuto per minuto" della RAI – unica fonte di informazione in diretta disponibile - iniziava il collegamento con i vari campi solo al termine del primo tempo. Al 45' la Juve sta perdendo a Roma, il Milan a Verona e la Lazio pareggia sull'infuocato campo del San Paolo (vecchie ruggini tra le due squadre vengono a galla quel pomeriggio).

Ma è nella ripresa che tutto cambia: il Milan viene travolto definitivamente (5-3 il risultato finale), la Juve rimonta prima con un gol di Josè Altafini e poi con un colpo di testa a tre minuti dal termine di Cuccureddu, mentre il Napoli segna all'ultimo minuto contro la Lazio. Classifica finale: Juventus 46 punti, Milan 44, Lazio 43. I bianconeri si confermano Campioni d'Italia per la 15° volta e guadagnano l'accesso alla successiva Coppa dei Campioni (all'epoca ci andavano solo i vincitori dei vari campionati nazionali europei).

ROMA: Ginulfi, Bertini, Liguori, Salvori, Bet, Santarini, Morini, Franzot, Orazi, Spadoni, Scaratti – In panchina: Sulfaro, Mujesan – All.: A. Trebiciani

JUVENTUS: Zoff, Cuccureddu, Longobucco, Furino, Morini, Marchetti, Haller (46' Altafini), Causio, Anastasi, Capello, Bettega – In panchina: Piloni – All.: C. Vycpalek

ARBITRO: Lo Bello

RETI: 29' Spadoni, 61' Altafini, 87' Cuccureddu

NOTE: Stadio Olimpico

Guardala su Youtube!

JUVENTUS – LAZIO 3-1

Torino, 28/10/1973 – Serie A

La Juventus si presenta all'inizio della stagione con la stessa rosa che pochi mesi prima ha vinto il campionato, unica uscita quella del tedesco Haller e unico ingresso quello del giovane Claudio Gentile, proveniente dal Varese. Alla terza giornata, al

Comunale arriva l'ambiziosa Lazio di Maestrelli che più avanti vincerà per la prima volta nella sua storia il campionato di serie A. Ma in questa partita la Juve – dopo essere andata sotto nel finale del primo tempo per un gol di Giorgio Chinaglia - si dimostra più forte, imponendosi alla distanza.

I gol bianconeri sono opera di Josè Altafini (di testa su cross di Causio), Roberto Bettega (sempre di testa, questa volta il cross è di Altafini) e Antonello Cuccureddu (diagonale imparabile). Al ritorno il risultato sarà lo stesso ma a favore dei bianco-celesti che si avvicineranno così al loro primo scudetto.

JUVENTUS: Zoff, Spinosi, Longobucco, Furino, Morini, Salvadore, Causio, Cuccureddu, Altafini, Capello, Bettega – In panchina: Piloni, Viola, Musiello - All.: C. Vycpalek

LAZIO: Pulici, Facco, Martini, Wilson, Oddi, Nanni, Garlaschelli, Re Cecconi, Chinaglia, Frustalupi, Manservisi (76' D'Amico) – In panchina: Moriggi, Petrelli - All. T. Maestrelli

ARBITRO: Lo Bello

RETI: 45' Chinaglia, 50' Altafini, 62' Bettega, 86' Cuccureddu

NOTE: Stadio Comunale

Guardala su Youtube!

JUVENTUS – MILAN 2-0

Torino, 17/03/1974 – Serie A

Ventunesima giornata, la Lazio di Giorgio Chinaglia è in testa alla classifica con 30 punti, seguita dal Napoli a 27, Juve 26 e Milan 24. Al Comunale i rossoneri si presentano senza Gianni Rivera, tra i bianconeri mancano invece Fabio Capello e Roberto Bettega. Il primo tempo non è molto spettacolare e le squadre faticano a sviluppare il loro miglior gioco. A rompere l'equilibrio – proprio ad inizio ripresa – è Anastasi che approfitta di un errore di Anquilletti e lascia partire un bolide che si insacca alle spalle di Vecchi. A questo punto la partita "si apre" e le occasioni da gol diventano più numerose ma è ancora la Juve a segnare poco dopo la mezz'ora. Punizione dalla trequarti sinistra di Causio, pennellata al centro dove Altafini anticipa il difensore avversario e chiude definitivamente il match.

Grazie a questa vittoria ed alla contemporanea sconfitta della Lazio con l'Inter a San Siro, i bianconeri si riportano a sole due lunghezze dalla capolista e riaccendono i sogni di scudetto. Quel distacco rimarrà però invariato e saranno invece i biancocelesti di Tommaso Maestrelli a festeggiare il loro primo tricolore a maggio.

JUVENTUS: Zoff, Spinosi, Marchetti, Furino, Morini, Salvadore, Causio, Cuccureddu, Anastasi, Viola, Altafini (80' Longobucco) – All.: C. Vycpalek

MILAN: Vecchi, Sabadini, Zignoli, Anquilletti, Schnellinger, Maldera, Tresoldi (55' Turini), Benetti, Bigon, Bianchi, Chiarugi – All.: C. Maldini

ARBITRO: Menegali

RETI: 46' Anastasi, 78' Altafini

NOTE: Stadio Comunale, spettatori 65.000 – Ammoniti: Bianchi (M)

Guardala su Youtube!

NAPOLI – JUVENTUS 2-6

Napoli, 15/12/1974 – Serie A

Reduce dal terzo posto dell'anno precedente, il Napoli del giovane presidente Ferlaino nutre ambizioni di scudetto. Alla vigilia dello scontro diretto al San Paolo il Napoli è secondo in classifica, a soli due punti dalla Juve. Con una vittoria i partenopei aggancerebbero quindi i bianconeri in testa. Si preannuncia una sfida tirata ma così non è, grazie al gioco spumeggiante della Juve che infligge un pesante 3-0 già all'intervallo agli azzurri di Vinicio. A segnare sono l'ex di turno Josè Altafini ed il neo-juventino Oscar Damiani, autore di una doppietta. Ad inizio ripresa è Roberto Bettega a chiudere definitivamente la partita. Da quel momento l'incontro si trascina verso il novantesimo e le reti di Causio, Viola e Clerici (doppietta per il Napoli) daranno connotazioni tennistiche al risultato finale.

Le intemperanze del pubblico di casa sfociano in un fitto lancio di oggetti verso il terreno di gioco: uno dei guardalinee è colpito alla testa e Agnolin fischia la fine con 30 secondi di anticipo per evitare il peggio. Il risultato verrà comunque omologato. Da segnalare che questa è rimasta negli annali come la partita di serie A con il maggior numero di spettatori, oltre 90.000! A fine campionato la Juventus tornerà a laurearsi campione d'Italia ed il Napoli arriverà secondo a due punti di distanza.

NAPOLI: Carmignani, Bruscolotti, Pogliana, Brugnich, Landini, Orlandini, Rampanti (46' Ferradini), Juliano, Clerici, Esposito, Braglia – All.: L. Vinicio

JUVENTUS: Zoff, Gentile, Cuccureddu, Furino (80' Viola), Morini, Scirea, Damiani, Causio, Altafini, Capello, Bettega – All.: C. Parola

ARBITRO: Agnolin

RETI: 26' Altafini, 36' e 41' Damiani, 52' Bettega, 62' Clerici, 71' Causio, 74' Clerici, 85' Viola

NOTE: Stadio San Paolo, spettatori 90.736 – partita sospesa all'89' per lancio di oggetti in campo

Guardala su Youtube!

INTER – JUVENTUS 2-6

Milano, 19/06/1975 – Coppa Italia

Seconda fase a gironi della Coppa Italia 1974/75, la Juve si trova nel gruppo con Milan, Inter e Bologna (detentore del trofeo). La vincitrice del girone si qualifica per la finale di Roma. La Juve conquista 8 punti (2 vittorie con il Bologna, una vittoria ed una sconfitta con Milan ed Inter), uno meno del Milan. Nella quinta giornata i bianconeri fanno visita a San Siro ai nerazzurri, che all'andata si sono imposti per 2-1 a Torino. La partita non ha storia: dopo il gol in avvio di Anastasi, l'Inter pareggia ma poi la Juve dilaga con le reti Viola (doppietta), Scirea, Cuccureddu ed ancora Anastasi. Il gol della bandiera dell'Inter è siglato su rigore dal solito Boninsegna. Magistrale la prestazione di Roberto Bettega in veste di assist-man.

Nella Juve, a risultato acquisito, scende in campo per 25 minuti un giovanissimo Paolo Rossi, talento del settore giovanile bianconero che avrà poi una carriera straordinaria (capocannoniere ai mondiali in Spagna dell'82, vinti dagli azzurri). La Coppa Italia la vincerà la Fiorentina, 3-2 al Milan in finale.

INTER: L. Vieri, Giubertoni, Fedele, Bertini, Guida, Bini, Mariani, Moro (62' Cerilli), Boninsegna, Galbiati, Scala (62' R. Rossi) - All.: L. Suarez

JUVENTUS: Zoff, Spinosi, Cuccureddu, Marchetti, Morini, Scirea, Damiani (55' Altafini), Causio, Anastasi (66' P. Rossi), Viola, Bettega – All.: C. Parola

ARBITRO: Trinchieri

RETI: 1' Anastasi, 20' Boninsegna, 33' Viola, 48' Anastasi, 52' Scirea, 54' Viola, 60' Cuccureddu, 68' Boninsegna (rig.)

NOTE: Stadio Giuseppe Meazza – ammonito Giubertoni

Guardala su Youtube!

JUVENTUS – MANCHESTER UNITER 3-0

Torino, 03/11/1976 – Coppa UEFA

Nuova gestione tecnica in casa bianconera: il nuovo allenatore è Giovanni Trapattoni, ex bandiera milanista e quasi esordiente in panchina, che decennio successivo (ed in una ulteriore parentesi negli anni '90) legherà in modo indissolubile il suo nome ad alcune delle più memorabili vittorie nazionali ed internazionali della Juventus.

In Coppa UEFA, dopo aver eliminato il City nei primo turno, il sorteggio oppone alla Juve l'altra squadra di Manchester, lo United. A Torino si gioca la gara di ritorno dei sedicesimi di finale ed il risultato dell'andata, una sconfitta per 1-0 all'Old Trafford, costringe la Juve ad una gara d'attacco. Boninsegna, su cross di Tardelli, rimette la situazione in parità nel primo tempo. Sempre lui, nella ripresa, porta la Juve in vantaggio con un geniale colpo di tacco dal limite dell'area piccola. Nel finale Romeo Benetti, in contropiede, buca ancora il portiere inglese e chiude la pratica qualificazione.

Juventus e Manchester United sono due tra le più prestigiose e titolate squadre europee. Il bilancio dei confronti diretti nelle coppe continentali è in perfetto equilibrio: sei vittorie bianconere, sei successi per i Red Devils e due soli pareggi.

JUVENTUS: Zoff, Cuccureddu, Gentile, Furino, Morini (8' Spinosi), Scirea, Causio, Tardelli, Boninsegna, Benetti, Bettega R. - Allenatore G. Trapattoni

MANCHESTER UNITED: Stepney, Nicholl, Albiston, Daly, Greenhoff, Houston, Coppell, McIlroy (56' McCreery), Pearson, Macari (65' Paterson), Hill - Allenatore Docherty

ARBITRO: Palotai (Ungheria)

RETI: 29' Boninsegna, 63' Boninsegna, 85' Benetti

NOTE: Stadio Comunale, 70mila spettatori circa (tutto esaurito)

Guardala su Youtube!

TORINO – JUVENTUS 1-1

03/04/1977 – Serie A

Il 169° derby della Mole si disputa in una stagione storica per il calcio torinese. Juve e Toro sono le due più forti squadre italiane del momento e insieme costituiscono l'ossatura della Nazionale che Bearzot porterà sul podio l'anno successivo ai Mondiali in Argentina. Due stagioni prima aveva vinto la Juve (16° titolo), in quella precedente aveva prevalso il Toro (7° titolo).

La partita è in programma alla 23° giornata, la Juve ha un solo punto di vantaggio (all'epoca la vittoria valeva solo due punti, non tre) e non può perdere. I bianconeri passano in vantaggio dopo soli sei minuti con un diagonale in area di Franco Causio su passaggio di Boninsegna. La gioia dura poco pero', dopo soli due minuti infatti i granata pareggiano con Pulici che si invola verso Zoff e lo supera con un pallonetto.

Il risultato non cambierà più. Il punto di vantaggio della Juve rimarrà tale fino all'ultima giornata e consentirà ai bianconeri di conquistare il loro 17° scudetto. La classifica finale recita: Juventus 51 punti, Torino 50 (su 60 punti totali disponibili)!

TORINO: Castellini, Danova, Salvatori, P. Sala, Mozzini, Caporale, C. Sala, Pecci, Graziani, Zaccarelli, Pulici – In panchina: Cazzaniga, Butti, Garritano – All.: L. Radice

JUVENTUS: Zoff, Cuccureddu, Cabrini, Gentile, Morini, Scirea, Causio, Tardelli, Boninsegna, Benetti, Bettega – In panchina: Alessandrelli, Spinosi, Gori – All.: G. Trapattoni

ARBITRO: Casarin

RETI: 6' Causio, 8' Pulici

NOTE: Stadio Comunale

Guardala su Youtube!

JUVENTUS – ATHLETIC BILBAO 1-0

Torino, 04/05/1977 – Coppa UEFA

Al terzo tentativo, dopo le sconfitte in Coppa delle Fiere col Ferencvaros (1965) ed il Leeds (1971), una Juve tutta italiana guidata in panchina da un giovane Giovanni Trapattoni porta finalmente un trofeo continentale nella nostra bacheca. Questa squadra sarà la base di quella che per quasi dieci anni dominerà in Italia, vincerà tutti i trofei internazionali esistenti e cosituirà l'ossatura della Nazionale di Bearzot nei Mondiali del '78 in Argentina (terzo posto) e dell'82' in Spagna (vittoria).

Il cammino della Juve verso questa doppia finale non è affatto semplice: Manchester City, Manchester United, Shaktar Donetsk, Magdeburgo ed AEK Atene. All'andata il Bilbao subisce il gol di Tardelli di testa, su cross di Scirea, dopo un quarto d'ora ma non si disunisce e porta a casa un risultato ribaltabile al ritorno, nell'infuocato stadio San Mamés.

ATHLETIC BILBAO: Iribar, Onaederra, Escalza, Villar, Guisasola, Goikoetxea, Irureta, Dani, Churruca, Rojo II, Rojo I – In panchina: Zaldua, Lasa, Madariaga, Ruiz, Amorrortu - All.: K. Aguirre

JUVENTUS: Zoff, Cuccureddu, Gentile, Furino, Morini, Scirea, Causio, Tardelli, Boninsegna (40' Gori), Benetti, Bettega – In panchina: Alessandrelli, Cabrini, Spinosi, Marchetti - All.: G. Trapattoni

ARBITRO: Corver (Olanda)

RETI: 14' Tardelli

NOTE: Stadio Comunale, 54.800 spettatori – Ammonito Goikoetxea

Guardala su Youtube!

ATHLETIC BILBAO – JUVENTUS 2-1

Bilbao, 18/05/1977 – Coppa UEFA

Due settimane dopo la vittoria di misura al Comunale, la Juve volta in Spagna per conquistare il suo primo trofeo europeo. Ad aspettarla, nella bolgia del San Mamés, l'Athletic che è arrivato in finale eliminando nell'ordine Ujpest Dozsa, Basilea, Milan, Barcellona e Molenbeek. Dopo soli sette minuti, un colpo di testa di Roberto

Bettega in tuffo, su cross perfettamente calibrato di Tardelli, gela il pubblico di casa. Ma bastano quattro minuti per rianimarlo: Irureta devia alle spalle di Zoff il tiro di un compagno dall'interno dell'area piccola in posizione di sospetto fuorigioco. L'arbitro convalida la rete ed i baschi prendono coraggio. Al 15' della ripresa, Trapattoni si copre togliendo Boninsegna (attaccante) per far posto a Spinosi (difensore).

A dodici minuti dal termine il Bilbao passa in vantaggio con una rete del subentrato Carlos. Un altro gol avrebbe consegnato la coppa ai baschi, ma i bianconeri si difendono con i denti dall'assedio avversario e vivono come una liberazione il triplice fischio finale dell'austriaco Linemayr. La Juve conquista il suo primo alloro internazionale. Ad oggi è l'unica coppa europea vinta da una squadra italiana senza giocatori stranieri in rosa.

ATHLETIC BILBAO: Iribar, Alexanko, Lasa (63' Carlos), Escalza, Villar, Guisasola, Rojo, Irureta, Dani, Churruca, Amorrortu – In panchina: Zaldua, Madariaga, Onaederra, Rojo II - All.: K. Aguirre

JUVENTUS: Zoff, Gentile, Cuccureddu, Furino, Morini, Scirea, Causio, Tardelli, Boninsegna (60' Spinosi), Benetti, Bettega – In panchina: Alessandrelli, Cabrini, Marchetti, Gori - All.: G. Trapattoni

ARBITRO: Linemayr (Austria)

RETI: 7' Bettega, 11' Churruca, 78' Carlos

NOTE: Stadio San Mamés, 43.000 spettatori – Ammoniti: Benetti, Tardelli, Gentile

Guardala su Youtube!

19

RICCARDO ANDREASI

JUVENTUS – BRUGES 1-0

Torino 29/03/1978 – Coppa dei Campioni

La Juve arriva a questa semifinale di andata dopo aver eliminato, nei turni precedenti, i ciprioti dell'Omonia Nicosia, gli irlandesi del Glentoran e l'Ajax. I favori
del pronostico sono per i bianconeri ma la sagacia tattica di Happel imbriglia per
quasi tutta la partita i nostri attaccanti. I belgi applicano la tattica del fuorigioco
in modo ossessivo e fatichiamo a trovare le contromisure. Dopo un gol annullato
a Boninsegna per fuorigioco millimetrico, la Juve riesce nel finale a portarsi in
vantaggio. Percussione di Scirea che scodella il pallone sulla destra per l'accorrente
Causio, cross rasoterra di prima al centro dove Bettega in scivolata insacca. Sull'onda
dell'entusiasmo i bianconeri sfiorano il raddoppio con Cabrini, autore di una serpentina che semina il panico tra i difensori belgi.

Al ritorno le cose si mettono subito male, con un gol subito dopo soli 3 minuti.
Dopo una partita segnata da un arbitraggio molto casalingo, la beffa arriva a 4
minuti dalla fine dei tempi supplementari con il gol del 2-0 belga. Un'altra edizione
della Coppa dei Campioni che – con un pizzico di fortuna – sarebbe potuta finire
diversamente.

JUVENTUS: Zoff, Cuccureddu, Gentile, Furino (48' Cabrini), Morini, Scirea,
Causio, Tardelli, Boninsegna, Benetti, Bettega – All.: G. Trapattoni

BRUGES: Jensen, Bastijns, Volders, Cools, Leekens, Krieger, Van der Eycken, De
Cubber, Verheecke, Corant, Soerensen – All.: H. Happel

ARBITRO: Dubach (Svizzera)

RETI: 86' Bettega

NOTE: Stadio Comunale – Ammoniti: Cools, De Cubber

Guardala su Youtube!

JUVENTUS – PALERMO 2-1 (dts)

Napoli, 20/06/1979 – Coppa Italia

La Juve arriva in finale di Coppa Italia dopo aver eliminato la Fiorentina nel girone preliminare, l'Inter ai quarti ed il Catanzaro in semifinale. L'avversario è un sorprendente Palermo che – pur militando in serie B - nei turni precedenti ha fatto fuori Torino, Lazio e Napoli. I bianconeri hanno appena concluso il campionato al terzo posto, dietro a Milan e Perugia, e vedono l'occasione di riscattare una stagione. I siciliani inseguono invece il primo trofeo della loro storia, dopo aver perso la finale del 1974 col Bologna.

La sede dell'incontro è lo stadio San Paolo di Napoli, campo neutro. Passa solo un minuto ed i rosanero approfittano di un pasticcio della difesa juventina per portarsi in vantaggio con Chimenti. La Juve prova in ogni modo a rispondere ma la porta avversaria sembra stregata. Sarà Sergio Brio ad appoggiare in rete il gol del pareggio quando mancano solo sette minuti al fischio finale.

Si va ai tempi supplementari con la Juve ridotta in dieci a causa degli infortuni. Al 117' minuto, quando i calci di rigore sembrano ormai inevitabili, Tardelli crossa da sinistra e Boninsegna di testa serve Causio al centro dell'area rosanera: il Barone controlla il pallone e in mezza girata lo spedisce in rete alla sinistra di Frison. Esplode l'esultanza bianconera cui fa da ovvio contraltare la delusione dei tifosi del Palermo, arrivati ad un passo dal sogno. Il capitano Giuseppe Furino (palermitano!) alza la sesta Coppa Italia della storia bianconera.

JUVENTUS: Zoff, Gentile, Cabrini, Furino, Morini (49' Brio), Scirea, Causio, Tardelli, Virdis (94' Boninsegna), Benetti, Bettega - All.: G. Trapattoni

PALERMO: Frison, Gregorio, Citterio, Brignani, Di Cicco, Silipo, Maritozzi, Borsellino (76' Arcoleo), Chimenti (46' Osellame), Magherini, Conte – All.: F. Veneranda

ARBITRO: Barbaresco

MARCATORI: 1' Chimenti, 83' Brio, 117' Causio

Guardala su Youtube!

TORINO – JUVENTUS 1-2

Torino 21/10/1979 – Serie A

Il derby della Mole arriva alla sesta giornata di campionato, con il Torino che ci precede di un punto in classifica. Sono i granata a portarsi in vantaggio alla mezz'ora con un perfetto colpo di testa di Ciccio Graziani che supera Zoff su preciso cross di Claudio Sala. La Juve non ci sta e nel finale del primo tempo costringe il Toro a difendersi anche dopo aver trovato il gol del pareggio con una conclusione di Bettega non trattenuta da Terraneo.

Le due squadre si temono ed il pareggio sembra scritto. Un banale errore in appoggio di Danova a centrocampo consente però a Marco Tardelli di involarsi solitario verso la porta granata, trafiggere il portiere in uscita e correre a festeggiare sotto la nostra curva. In quegli anni il Torino era ancora un'ottima squadra ed una vittoria in rimonta è motivo di grandi festeggiamenti per i nostri tifosi. La stagione si concluderà con un secondo posto alle spalle dell'Inter di Eugenio Bersellini.

TORINO: Terraneo, Volpati, Vullo (74' Greco), Mandorlini, Danova, Salvadori, C. Sala, P. Sala, Graziani, Pecci, Pulici – In panchina: Copparoni, Paganelli – All.: L. Radice

JUVENTUS: Zoff, Cuccureddu, Cabrini, Furino, Brio, Scirea, Fanna (18' Gentile), Tardelli, Bettega, Verza, Virdis – In panchina: Bodini, Marocchino – All.: G. Trapattoni

ARBITRO: Bergamo

RETI: 30' Graziani, 34' Bettega, 68' Tardelli

NOTE: Stadio Comunale

Guardala su Youtube!

1980 -1989

Juventus 1983/84

NAPOLI – JUVENTUS 0-1

Napoli, 19/05/1981 – Serie A

Siamo alla penultima giornata di un campionato molto combattuto e non ancora deciso. La classifica dice Juventus 40, Roma 39 e Napoli 38 con i bianconeri attesi ad una battaglia al San Paolo, davanti ad oltre 80.000 spettatori giunti per sostenere i padroni di casa nel loro sogno tricolore. La partita è tesa, come dimostrano i numerosi cartellini sventolati dall'arbitro Michelotti, e con occasioni da ambo le parti. Il gol vittoria bianconero arriva a metà della ripresa quando Marocchino salta un avversario sulla fascia sinistra, punta l'area avversaria e mette in mezzo un pallone invitante per Vinicio Verza che lo gira in rete, aiutato anche da una leggera deviazione di Guidetti. I tentativi di pareggio dei padroni di casa si infrangeranno sull'esperta difesa juventina.

La lotta scudetto si riduce ad un duello con la Roma, distanziata di un solo punto. All'ultima giornata i giallorossi non andranno oltre il pareggio ad Avellino mentre la Juve vince in casa per 1-0 contro la Fiorentina. E' il diciannovesimo scudetto della nostra storia!

NAPOLI: Castellini, Bruscolotti, Marangon, Celestini (69' Nicolini), Krol, Ferrario, Damiani, Vinazzani, Musella (66' Palo), Guidetti, Pellegrini – In panchina: Fiore, Cascione, Ciccarelli – All.: R. Marchesi

JUVENTUS: Zoff, Cuccureddu (58' Brio), Cabrini, Prandelli, Gentile, Scirea, Marocchino, Tardelli, Causio (46' Verza), Brady, Fanna – In panchina: Bodini, Osti, Galderisi – All.: G. Trapattoni

ARBITRO: Michelotti

RETI: 64' Verza

NOTE: Stadio San Paolo, spettatori 80.000 – Espulso Verza all'88' per doppia ammonizione – Ammoniti: Prandelli, Tardelli, Gentile, Fanna, Guidetti, Damiani

Guardala su Youtube!

JUVENTUS – CELTIC GLASGOW 2-0

Torino, 30/09/1981 – Coppa dei Campioni

Primo turno di Coppa dei Campioni subito in salita per la Juve. All'andata, in Scozia, i padroni di casa si sono imposti per 1-0 e la gara di ritorno è subito dentro o fuori. I bianconeri partono forte e si portano in vantaggio alla mezz'ora: azione solitaria di Virdis che – dopo aver ubriacato la difesa avversaria - conclude con un sinistro che piega le mani a Bonner e finisce in rete. Passano solo dieci minuti ed è Roberto Bettega a completare la rimonta. Cross di Brady dalla destra, il pallone carambola su diverse teste prima di arrivare a Bettega che – spalle alla porta – prima controlla e poi in semirovesciata sigla il secondo gol bianconero.

Il risultato non cambierà più ma l'entusiasmo juventino si spegnerà al turno successivo con la dolorosa eliminazione per mano dell'Anderlecht. Questa partita ha anche un valore storico di natura extra-calcistica: si tratta della prima partita di una coppa europea trasmessa da una TV privata, Canale 5 in questo caso. L'evento fu visto in diretta dai soli telespettatori lombardi, come prevedeva la normativa allora in vigore. Il resto d'Italia dovette aspettare la trasmissione in differita 24 ore dopo.

JUVENTUS: Zoff, Gentile, Cabrini, Furino, Brio, Scirea, Marocchino, Tardelli, Bettega, Brady (81' Bonini), Virdis (87' Fanna) – In panchina: Bodini, Osti, Prandelli – All.: G. Trapattoni

CELTIC: Bonner, Moyes, Reid, Aitken, McAdam, MacLeod, Provan, Sullivan, McGarvey, Burns, McCluskey - In panchina: Latchford, McStay, Garner, Conroy, Nicholas – All.: W. McNeill

ARBITRO: Ponnet

RETI: 29' Virdis, 40' Bettega

NOTE: Stadio Comunale, 69.000 spettatori – Ammoniti Aitken, Provan

Guardala su Youtube!

JUVENTUS – MILAN 3-2

Torino, 14/02/1982

Quarta giornata di ritorno, a Torino arriva un Milan in grande difficolta e relegato al penultimo posto della classifica. I rossoneri disputano una gara orgogliosa ma hanno la sfortuna di incappare nella giornata di grazia del diciottenne Giovanni Galderisi, autore di una tripletta. Nanu, così chiamato per la sua statura (non arriva al metro e settanta), arriva nelle giovanili bianconere a 14 anni ed esordisce in serie A a soli 17 anni. Trapattoni lo schiera in attacco in attesa del rientro nel finale di stagione di Paolo Rossi, ancora fermo per l'ingiusta squalifica di due anni subita nell'ambito dello scandalo scommesse scoppiato nel 1980 (da cui uscirà assolto in Tribunale).

La partita è avvincente ed il bel gioco mostrato dal Milan è vanificato dall'impresa del folletto Galderisi: primo gol di rapina in area piccola, secondo di testa e gol vittoria nel finale dopo una carambola sottorete. Straordinaria prestazione anche di Antonio Cabrini, solo nominalmente terzino sinistro ma in in realtà ala di grande qualità tecnica, che è protagonista dei tre assist nelle reti bianconere. A fine stagione il Milan retrocederà in Serie B.

JUVENTUS: Zoff, Gentile, Cabrini (88' Prandelli), Furino, Brio, Scirea, Fanna (68' Bonini), Tardelli, Galderisi, Brady, Virdis – in panchina: Bodini, Osti, Tavola - All.: Trapattoni

MILAN: Piotti, Tassotti, Maldera III, Icardi (70' Jordan), Collovati, Baresi II, Buriani, Battistini, Novellino I, A. Moro (82' Romano), Antonelli – In panchina: Incontri, Minoia, Venturi - All.: I. Galbiati

ARBITRO: Ciulli

RETI: 17' Galderisi, 44' Collovati, 63' Galderisi, 71' Antonelli, 83' Galderisi

NOTE: Stadio Comunale, 44.500 spettatori

Guardala su Youtube!

JUVENTUS – TORINO 4-2

Torino, 07/03/1982

Uno dei derby più emozionanti di sempre! Dopo venti giornate di campionato, Juve e Fiorentina sono in testa alla classifica a pari punti mentre i granata vivacchiano a metà classifica. La Juve non può permettersi passi falsi ma l'inizio del match è traumatico: prima Bonesso di testa e poi Dossena in contropiede siglano un sorprendente 0-2 dopo soli venti minuti di gioco. I bianconeri non si perdono d'animo e continuano a macinare gioco, soprattutto sulle fasce laterali. La reazione d'orgoglio è straordinaria: Tardelli e Scirea (doppietta) ribaltano il risultato già prima dell'intervallo.

Nella ripresa il Toro prova a rifarsi sotto ma la Juve resiste e nel finale segna il quarto gol con uno spettacolare destro a giro dell'irlandese Liam Brady. Una vittoria decisiva per continuare il testa a testa con i viola che ci porterà al ventesimo scudetto (seconda stella) a fine stagione. Da segnalare la doppietta di Gaetano Scirea che pur giocando da "libero" – un termine ormai sparito dal lessico calcistico – realizzò ben 32 reti nella sua carriera juventina.

JUVENTUS: Zoff, Gentile, Cabrini, Furino, Brio, Scirea, Marocchino, Tardelli, Galderisi (85' Fanna), Brady, Virdis (75' Prandelli) – In panchina: Bodini, Osti, Tavola - All.: G. Trapattoni

TORINO: Terraneo, Cuttone, Danova, Van de Korput, Zaccarelli, Beruatto, Bonesso, Ferri (75' Sclosa), Dossena, Bertoneri, Pulici (70' Mariani) – In panchina: Copparoni, Rossi, Ermini – All.: M. Giacomini

ARBITRO: Bergamo

RETI: 19' Bonesso, 22' Dossena, 24' Tardelli, 28' Scirea, 40' Scirea, 89' Brady

NOTE: Stadio Comunale, tutto esaurito

Guardala su Youtube!

CATANZARO – JUVENTUS 0-1

Catanzaro, 16/05/1982 – Serie A

Trentesima ed ultima giornata di campionato. Juventus e Fiorentina sono appaiate in vetta a quota 44 punti e devono affrontare – entrambe in trasferta - Catanzaro (settimo, senza obiettivi) e Cagliari (cui serve un punto per garantirsi la salvezza). Entrambe le partite sembrano inchiodate sullo 0-0 e lo spareggio scudetto comincia a profilarsi all'orizzonte. Ma a Catanzaro, a quindici minuti dalla fine, Paolo Rossi colpisce il palo su crossa dal fondo di Marocchino, sulla ribattuta Fanna calcia a colpo sicuro e Celestini d'istinto respinge con un braccio sulla linea di porta. Pieri comanda l'inevitabile calcio di rigore. Sul dischetto va Liam Brady, il numero dieci irlandese che già sa di essere stato scaricato dalla Juve per la stagione successiva (al suo posto arriverà Michel Platini). Nessuna esitazione, tiro e gol.

La Juve difende il risultato nel finale e conquista il suo 20° scudetto, quello della seconda stella. La Fiorentina, che non va oltre il pareggio a Cagliari, arriverà seconda con un solo punto di distacco (la vittoria valeva solo 2 punti, all'epoca). Secondo alcuni la rivalità viola nei confronti della Juve sarebbe nata in questa giornata di 40 anni fa.

CATANZARO: Zaninelli, Celestini, Salvadori, Boscolo (46' Cascione), Santarini, Peccenini, Mauro, Braglia, Borghi, Sabato, Bivi (71' Palese) – In panchina: Bertolini, Cardinali, Nastase - All.: B. Pace

JUVENTUS: Zoff, Gentile, Cabrini, Furino, Brio, Scirea, Marocchino (85' Bonini), Tardelli, Rossi, Brady, Virdis (53' Fanna) – In panchina: Bodini, Osti, Galderisi - All.: G. Trapattoni

ARBITRO: Pieri

RETI: 75' Brady (rig.)

NOTE: Stadio Comunale, tutto esaurito

Guardala su Youtube!

ASTON VILLA – JUVENTUS 1-2

Birmingham, 02/03/1983 – Coppa dei Campioni

Andata dei quarti di finale di Coppa dei Campioni contro i campioni inglese (all'epoca la coppa era riservata alle sole squadre che avevano vinto il proprio campionato nazionale). L'Aston Villa era anche campione in carica della competizione, avendo battuto in finale il Bayern 1-0 nell'edizione precedente. La Juve di quell'anno era una sorta di "dream team", potendo vantare ben 6 campioni del mondo '82, Platini, Boniek ed il recuperato Bettega. Trapattoni schiera una formazione con tanti giocatori d'attacco e al primo minuto Paolo Rossi segna di testa su cross di Cabrini. Ricordo che il gol non fu visibile in Italia in quanto TeleMontecarlo – che trasmetteva l'evento – stava ancora mandando la pubblicità!

Dopo il pareggio inglese nel secondo tempo, è il "bello di notte" (definizione dell'Avvocato Agnelli) Zibì Boniek a fissare il risultato finale sul 2-1 per i bianconeri. Vincere in Inghilterra non è mai semplice e quell'impresa resta nella memoria di chi l'ha vissuta davanti alla TV.

ASTON VILLA : Spink, Williams (40' Deacy), Gibson, Bremner, McNaught, Mortimer, Blair, Shaw, Withe, Cowans, Morley – In panchina: Rimmer, Walters, Walker, Taylor – All.: T. Barton

JUVENTUS: Zoff, Gentile, Cabrini, Bonini, Brio, Scirea, Bettega, Tardelli, Rossi P., Platini, Boniek – In panchina: Bodini, Storgato, Furino, Prandelli, Marocchino – All.: G. Trapattoni

ARBITRO: Eschweiler (Germania Ovest)

RETI: 1' Paolo Rossi, 51' Cowans, 83' Boniek

NOTE: Stadio Villa Park, ammoniti: Deacy

Guardala su Youtube!

ROMA – JUVENTUS 1-2

Roma, 06/03/1983 – Serie A

E' il campionato successivo all'indimenticabile vittoria della Nazionale Azzurra ai Mondiali in Spagna. La Juve schiera ben 6 campioni del Mondo, cui si aggiungono campioni come Bettega, Platini e Boniek. La stagione inizia però col passo sbagliato e l'obiettivo scudetto sembra sfumare già dopo il girone di andata. Prima di questa partita, la classifica recita: Roma 31, Juventus 26. Dopo un primo tempo di studio, la Roma passa in vantaggio con un gol di testa del brasiliano Paulo Roberto Falcao.

Quando la delusione serpeggia ormai inesorabile tra i tifosi che seguono la partita alla radio – come il sottoscritto – la Juve negli ultimi minuti riesce a ribaltare il risultato con una punizione dello specialista Michel Platini e con un colpo di testa di Sergio Brio, su cross sempre di Le Roi. I punti di distacco si assottigliano ma la Roma di Nils Liedholm manterrà il primato fino all'ultima giornata, vincendo così il secondo scudetto della sua storia.

ROMA: Tancredi, Nappi, Vierchowod, Righetti, Falcao, Nela, Valigi, Ancelotti, Pruzzo (58' Iorio), Di Bartolomei, Conti – In panchina: Superchi, Maldera, Faccini, Chierico - All.: N. Liedholm

JUVENTUS: Zoff, Gentile, Cabrini, Bonini, Brio, Scirea, Bettega R., Tardelli, Rossi P., Platini, Boniek (62' Marocchino) - In panchina: Bodini, Prandelli, Furino, Galderisi - All.: G. Trapattoni

ARBITRO: Barbaresco

RETI: 62' Falcao, 83' Platini, 86' Brio

NOTE: Stadio Olimpico, 75.000 spettatori per un incasso record di 905 milioni di lire. Ammoniti: Brio, Gentile, Conti, Bettega.

Guardala su Youtube!

JUVENTUS – VERONA 3-0

Torino, 22/06/1983 – Coppa Italia

La stagione post-mondiali '82 volge al termine in un clima di delusione. La Juve era partita favorita in ogni competizione, ma il secondo posto in campionato alle spalle della Roma e – soprattutto – la sconfitta in finale di Coppa dei Campioni ad Atene contro l'Amburgo hanno lasciato l'amaro in bocca ai tifosi. Resta ancora da disputare la finale di Coppa Italia. La secca sconfitta dell'andata a Verona (2-0) lascia presagire un altro secondo posto ma al ritorno a Torino la situazione si ribalta, grazie ad un gol in apertura di Paolo Rossi che costringe gli scaligeri ad impostare una dispendiosa gara difensiva.

A nove minuti dalla fine Michel Platini riporta la situazione in parità e apre la strada per i tempi supplementari, che trascorrono senza troppi sussulti fino all'ultimo minuto. Cabrini, nonostante le due ore di gioco nelle gambe, scatta sulla fascia sinistra saltando due avversari e mette al centro un cross basso e teso su cui si avventa Platini in scivolata: è il gol che regala alla Juventus la sua settima Coppa Italia e la qualificazione alla Coppa delle Coppe per la stagione successiva. Questa vittoria renderà meno amaro il bilancio stagionale, sebbene il gol di Magath resti uno dei ricordi più dolorosi per tutti i tifosi juventini che hanno assistito alla finale di Atene.

JUVENTUS: Zoff, Gentile, Cabrini, Bonini, Brio (75' Storgato), Scirea, Marocchino (60' Furino), Tardelli, Rossi, Platini, Boniek – All.: G. Trapattoni

VERONA: Garella, Oddi, Marangon, Volpati, Guidetti, Tricella, Fanna, Sacchetti, Di Gennaro, Dirceu, Penzo – All.: Bagnoli

ARBITRO: Longhi

RETI: 7' Rossi, 81' Platini, 119' Platini

NOTE: Stadio Comunale – Ammoniti: Gentile, Tardelli, Boniek, Oddi, Guidetti

Guardala su Youtube!

MILAN – JUVENTUS 0-3

Milano, 19/02/1984 – Serie A

E' la stagione successiva alla delusione in campionato – scudetto alla Roma di Liedholm – e a quella in Coppa dei Campioni (sconfitta in finale at Atene con l'Amburgo di Magath). La Juve duella per la vetta con i campioni in carica e si presenta a San Siro da campione d'inverno. La partita prende subito la direzione giusta per i bianconeri: al 3' Oscar Damiani "impazzisce" e rifila una combinazione destro-sinistro al malcapitato Cabrini che costringe l'arbitro Lo Bello ad espellerlo. Al 13' Platini calcia al volo di sinistro la palla ricevuta su cross di Paolo Rossi ed insacca il gol del vantaggio.

Nella ripresa saranno prima Rossi e poi Vignola a suggellare il risultato finale. La stagione si chiuderà con la conquista del 21° scudetto per la Juve (con due punti di vantaggio sulla Roma) e con l'ottavo posto in classifica per i rossoneri.

MILAN: Piotti, Gerets, Spinosi (73' Carotti), Tassotti, F. Galli, Baresi II, Damiani, Battistini, Blissett, Verza, Evani – In panchina: Nuciari, Tacconi, manzo, Incocciati - All.: I. Castagner

JUVENTUS: Tacconi, Gentile, Cabrini (86' Caricola), Bonini, Brio, Scirea, Penzo (56' Vignola), Tardelli, P. Rossi, Platini, Boniek – In panchina: Bodini, Furino, Prandelli - All.: G. Trapattoni

ARBITRO: Lo Bello

RETI: 13' Platini, 65' P. Rossi, 84' Vignola

NOTE: Stadio Giuseppe Meazza – Espulso al 3' Damiani, ammoniti Gentile e Tassotti

Guardala su Youtube!

JUVENTUS – PORTO 2-1

Basilea, 16/05/1984 – Coppa delle Coppe

Due anni dopo la delusione di Atene (sconfitta in finale di Coppa dei Campioni per 1-0 contro l'Amburgo di Felix Magath), la Juve torna in una finale europea grazie al doppio turno di semifinale vinto contro il Manchester United. La partita sembra mettersi subito in discesa grazie ad un gran gol di Beniamino Vignola da fuori area. I portoghesi pareggiano però quasi subito con una botta da lontano di Sousa che inganna Tacconi. In chiusura di tempo è il polacco Zibì Boniek a siglare il gol che ci regalerà la coppa resistendo alla carica di due avversari e calciando in porta quasi da terra.

Nella ripresa la Juve stringe i denti e regala ai tantissimi tifosi bianconeri arrivati a Basilea un nuovo trionfo europeo dopo quello del 1977 a Bilbao. Ad alzare la Coppa delle Coppe è il nostro indimenticato capitano, Gaetano Scirea.

JUVENTUS: Tacconi, Gentile, Cabrini, Bonini, Brio, Scirea, Vignola (89' Caricola), Tardelli, Rossi, Platini, Boniek. – In panchina: Bodini, Prandelli, Furino, Penzo - All. G. Trapattoni

PORTO: Ze Beto, Joao Pinto, Lima Pereira, Gomes, Eduardo Luis (82' Costa), Pacheco, Sousa, Frasco, Magalhaes (64' Walsh), Vermelinho, Gomes – In panchina: Barradas, Inacio, Quinito - All. A. Morais

ARBITRO: Prokop (Germania Est)

RETI: 13' Vignola, 29' Sousa, 41' Boniek

NOTE: St. Jakob Stadium, 60mila spetattori – Ammoniti: Luis, Pereira, Platini

Guardala su Youtube!

JUVENTUS – LIVERPOOL 2-0

Torino, 16/01/1985 – Supercoppa UEFA

Quattro mesi prima della tragica serata dell'Heysel, Juventus e Liverpool si affrontano per la Supercoppa UEFA. L'inverno del 1985 è uno dei più rigidi che si ricordino e il giorno prima della partita oltre 30 centimetri di neve coprono Torino. Boniperti non vuole assolutamente che la partita salti e con l'aiuto di tanti spalatori volontari riesce a rendere utilizzabile il terreno del Comunale. Si giocherà con un pallone di colore rosso davanti a tifosi bianconeri arrivati da ogni parte d'Italia sfidando le terribile condizioni atmosferiche.

Il Liverpool, dopo il successo in Coppa dei Campioni dell'anno precedente (vittoria ai rigori all'Olimpico contro la Roma) ha perso la Coppa Intercontinentale a Tokio contro gli argentini dell'Independiente. E la stessa sorte gli toccherà a Torino, dove la Juventus vince la sua prima Supercoppa con una doppietta di Zibì Boniek (sempre più 'bello di notte', per dirla con l'Avvocato).

JUVENTUS: Bodini, Favero, Cabrini, Bonini, Brio, Scirea, Briaschi, Tardelli, Rossi P., Platini, Boniek – In panchina: Tacconi, Caricola, Prandelli, Limido, Vignola – All.: G. Trapattoni

LIVERPOOL: Grobbelaar, Neal, Kennedy, Lawrenson (46' Gillespie), Nicol, Hansen, Walsh P., Whelan, Rush, McDonald, Wark – In panchina: Beglin, Bolder, Lee, Molby – All.: J. Fagan

ARBITRO: Pauly (Germania Ovest)

RETI: 40' Boniek, 78' Boniek

NOTE: Stadio Comunale, spettatori 55.834 per un incasso di 875 milioni di lire - Ammonito Hansen

Guardala su Youtube!

JUVENTUS – INTER 3-1

Torino, 24/03/1985 – Serie A

Ventitresima giornata di campionato. Sia Juve che Inter sono reduci dal mercoledi di coppa e si presentano all'appuntamento con un distacco rispettivamente di 7 e 3 punti dalla sorprendente capolista Verona. Sono i bianconeri a fare la partita ma è l'Inter che si porta in vantaggio alla prima vera occasione creata: Altobelli, lasciato colpevolmente solo in area, controlla un cross dalla destra e supera un non impeccabile Bodini con un diagonale insidioso. La Juve non ci sta e raggiunge subito il pareggio: traversone dalla sinistra di Bonini, Tardelli svetta di testa e a nulla serve la respinta di Marini quando il pallone ha già superato la linea di porta.

Nella ripresa i ruoli si invertono. I nerazzurri partono forte ma sono i bianconeri a segnare con una azione classica della Juve di quegli anni: lancio millimetrico di Tardelli per la corsa di Boniek che - in contropiede - prima controlla il pallone e poi lo deposita alle spalle di Walter Zenga. Il gol che chiude la partita è un capolavoro tecnico: con pochi tocchi la Juve porta il pallone dalla propria area a quella avversaria dove Briaschi deve solo appoggiare in rete un assist servitogli da Platini dopo una irresistibile sgroppata di Boniek.

A fine stagione la Juve chiuderà il campionato al quinto posto, l'Inter arriverà terza ed il Verona di Bagnoli vincerà il suo primo e finora unico scudetto.

JUVENTUS: Bodini, Favero, Cabrini, Bonini (89' Pioli), Caricola, Scirea, Briaschi, Tardelli, P. Rossi (42' Vignola), Platini, Boniek – In panchina: Tacconi, Prandelli, Koetting – All.: Giovanni Trapattoni

INTER: Zenga, Bergomi, Mandorlini (84' Pasinato), G. Baresi, Collovati, R. Ferri, Sabato (71' Causio), Marini, Altobelli, Brady, Rummenigge – In panchina: Recchi, Muraro, Bini – All.: Ilario Castagner

ARBITRO: Bergamo

RETI: 38' Altobelli, 40' Tardelli, 62' Boniek, 87' Briaschi

NOTE: Stadio Comunale – Ammonito Boniek, espulso al 90' Pasinato

Guardala su Youtube!

JUVENTUS – BORDEAUX 3-0

Torino, 10/04/1985 – Coppa dei Campioni

Seminifinale di andata della Coppa dei Campioni 1984/85. Dopo aver superato i finlandesi del Tampere, gli svizzeri del Grasshoppers ed i cecoslovacchi dello Sparta Praga, la Juventus si trova di fronte i campioni di Francia del Bordeaux. La partita della Juve è praticamente perfetta e conferma la supremazia europea in quella stagione. Il primo gol arriva a metà del primo tempo con un'azione classica di quegli anni: perfetto lancio di Platini dal cerchio del centrocampo per Boniek che in corsa entra in area e supera il portiere in uscita.

Il copione si ripete nella ripresa, questa volta il lancio di Le Roi Michel parte addirittura dalla nostra metà campo, il destinatario è Massimo Briaschi che, dopo aver spostato il suo marcatore con una spallata, controlla e calcia in rete senza che il portiere possa intervenire. Per il terzo gol Platini si mette in proprio: Boniek scatta sulla fascia sinistra, supera un avversario e mette in mezzo un pallone che il francese – con perfetta coordinazione – colpisce di controbalzo e spedisce in rete. Al ritorno la Juventus difenderà l'ampio vantaggio, non senza qualche difficoltà (vittoria per 2-0 dei francesi) strappando il biglietto per la finale – che si rivelerà tragica – di Bruxelles.

JUVENTUS: Bodini, Favero, Cabrini, Bonini, Caricola, Scirea, Briaschi, Tardelli, Rossi, Platini , Boniek – In panchina: Tacconi, Pioli, Prandelli, Koetting, Vignola – All.: G. Trapattoni

BORDEAUX: Dropsy, Rohr, Tusseau, Girard (30' Thouvenel), Specht, Battiston, Tigana, Chalana, Lacombe, Giresse, Muller – In panchina: Delachet, Audrain, Martinez – All.: Jacquet

ARBITRO: Galler

RETI: 27' Boniek, 60' Briaschi, 62' Platini

NOTE: Stadio Comunale, ammonito Platini

Guardala su Youtube!

JUVENTUS – LIVERPOOL 1-0

Bruxelles, 29/05/1985 – Coppa dei Campioni

La finale della 30° edizione della Coppa dei Campioni segna la pagina più tragica nella storia bianconera. Allo stadio Heysel di Bruxelles – un impianto fatiscente ed inadeguato all'evento - la cattiva organizzazione unita alla furia degli hooligans inglesi costerà la vita di ben 39 tifosi, quasi tutti juventini.

La partita inizia in ritardo e si giocherà in un clima surreale. Verrà decisa da un calcio di rigore trasformato da Michel Platini nella ripresa per un fallo su Boniek lanciato a rete e commesso fuori area. La tanto sognata Coppa dei Campioni è finalmente in bacheca ma nessuno aveva immaginato che sarebbe successo in un contesto simile, senza alcuna voglia di festeggiarla. A seguito di quanto accaduto, l'UEFA – su richiesta anche del governo inglese – decise di escludere le squadre inglesi per cinque anni da tutte le competizioni internazionali.

Segnalo questo sito che ospita un ricordo delle vittime di quel giorno terribile: https://www.saladellamemoriaheysel.it/

LIVERPOOL: Grobbelaar, Neal, Beglin, Lawrenson (3' Gillespie), Hansen, Nicol, Dalglish, Whelan, Rush, Walsh (46' Johnston), Wark – In panchina: Pile, Moelby, Lee – All.: J. Fagan

JUVENTUS: Tacconi, Favero, Cabrini, Bonini, Brio, Scirea, Briaschi (84' Prandelli), Tardelli, Rossi (89' Vignola), Platini, Boniek – In panchina: Bodini, Caricola, Limido – All.: G. Trapattoni

ARBITRO: Daina (Svizzera)

RETI: 58' Platini (rigore)

NOTE: Stadio Heysel, 59.000 spettatori - Ammonito Wark

Guardala su Youtube!

JUVENTUS – ROMA 3-1

Torino, 10/11/1985 – Serie A

Stagione iniziata benissimo per i bianconeri che dopo nove giornate hanno totalizzato 16 punti (su 18 disponibili) grazie alla striscia record di otto vittorie consecutive in avvio di campionato. Alle decima giornata al Comunale arriva la Roma di Eriksson, sesta con 11 punti. La Juve gioca una delle sue migliori partite in stagione e si impone per 3-1. Il primo gol arriva dopo dieci minuti: punizione dal limite, Platini sul pallone pronto a calciare; tutti si aspettano una 'foglia morta' delle sue ma il francese appoggia il pallone in area a Massimo Mauro, completamente libero, che trafigge Tancredi.

Il pareggio giallorosso arriva su calcio di rigore - per un fallo di mano di Cabrini – calciato rasoterra da Roberto Pruzzo. La Juve torna in vantaggio nella ripresa grazie ad un inserimento di Laudrup che conclude in rete un delizioso triangolo con Aldo Serena. La terza rete, quella della sicurezza, è un gioiello da rivedere all'infinito: Platini scucchiaia un pallone in area per Mauro che in corsa lo mette in mezzo dove Serena – di tacco – segna il gol che chiude il match.

JUVENTUS: Tacconi, Favero, Cabrini, Bonini, Pioli, Scirea, Mauro (89' Bonetti I.), Manfredonia, Serena, Platini, Laudrup – In panchina: Bodini, Caricola, Pin, Pacione - All.: Trapattoni

ROMA: Tancredi, Oddi, Righetti, Gerolin, Bonetti, Nela, Conti, Boniek, Pruzzo, Ancelotti, Graziani – In panchina: Gregori, Lucci, Di Carlo, Giannini - All.: S.G. Eriksson

Arbitro: Lo Bello

RETI: 11' Mauro, 36' Pruzzo (rig.), 58' Laudrup, 70' Serena

NOTE: Stadio Comunale – Ammoniti Cabrini, Gerolin, Manfredonia, Oddi

Guardala su Youtube!

ARGENTINOS JUNIORS – JUVENTUS 2-2 (4-6 d.c.r.)

Tokyo, 08/12/1985 – Coppa Intercontinentale

Dopo aver vinto – nella tragica serata dello stadio Heysel – la sua prima Coppa dei Campioni, la Juventus affronta a Tokyo i campioni sudamericani dell'Argentinos Juniors. La partita è visibile in Italia su Canale 5, alle 4 del mattino, solo ai residenti in Lombardia (all'epoca le TV private non potevano trasmettere in diretta su tutto il territorio nazionale). Chi si svegliò nel cuore della notte - come me - fu premiato da una partita emozionante e ricca di occasioni da entrambe le parti. Il primo tempo terminò 2-1 per gli argentini. Nei tempi regolamentari raggiungemmo il meritato pareggio nel finale del secondo tempo grazie ad una prodezza di Laudrup, grandissimo talento danese poi consacratosi altrove.

L'assegnazione del trofeo avvenne ai calci di rigore, decisivo quello calciato da Michel Platini, cui in precedenza era stato annullato un gol bellissimo senza motivo. Resterà nella storia la sua elegante protesta nei confronti dell'arbitro, sdraiato sull'erba con lo sguardo ironicamente sorpreso. Si tratta della prima Coppa Intercontinentale vinta dai bianconeri che chiude un ciclo iniziato nel 1977 durante il quale vincemmo tutti i trofei internazionali esistenti (oltre a questo, Coppa Uefa, Coppa delle Coppe, Coppa dei Campioni, Supercoppa Europea).

ARGENTINOS JUNIORS: Vidallè, Villalba, Pavoni, Olguin, Domenech, Commisso (86' Corsi), Batista, Videla, Castro, Borghi, Ereros (118' Lopez) – All.: Yudica

JUVENTUS: Tacconi, Favero, Cabrini, Bonini, Brio, Scirea (65' Pioli), Mauro (77' Briaschi), Manfredonia, Serena A., Platini, Laudrup – In panchina: Bodini, Pin, Pacione – All.: G. Trapattoni

ARBITRO: Roth (Germania Ovest)

RETI: 10' Ereros, 18' Platini su rigore, 30' Castro, 37'st Laudrup

RIGORI: Brio (J) Gol, Olguín (A) Gol, Cabrini (J) Gol, Batista J. (A) Parato, Serena A. (J) Gol, Lopez A. (A) Gol, Laudrup (J) Parato, Pavoni (A) Parato, Platini (J) Gol.

NOTE: Stadio Olimpico di Shinjuko (Tokyo), ore 12 locali.

Guardala su Youtube!

JUVENTUS – MILAN 1-0

Torino, 20/04/1986 – Serie A

Ventinovesima giornata, penultima di campionato (la serie A allora era a 16 squadre). Juve e Roma sono appaiate in vetta a quota 41 punti, ma mentre la Roma è in gran forma i bianconeri stanno vivendo un girone di ritorno molto deludente e danno evidenti segni di stanchezza fisica. A Roma arriva il Lecce, già retrocesso, mentre a Torino si presenta il Milan, in lotta per un piazzamento UEFA. Buona Juve nel primo tempo che fatica però a trovare sbocchi offensivi produttivi, solo Platini ci prova concretamente su calcio di punizione.

Nella ripresa bianconeri più determinati anche per le notizie che giungono da Roma, dove il Lecce si imporrà per 3-2. Il gol vittoria è di Michael Laudrup che deve solo appoggiare in rete il perfetto cross rasoterra di Massimo Briaschi. Vincendo la domenica successiva a Lecce – in concomitanza col crollo emotivo della Roma, che perde anche a Como – la Juve conquista il suo 22° scudetto.

JUVENTUS: Tacconi, Favero, Cabrini, Bonini, Brio, Scirea, Mauro, Laudrup I (89' Pin), Serena (73' Pioli), Platini, Briaschi – In panchina: Bodini, Caricola, Pin - All.: G.Trapattoni

MILAN: Terraneo, Manzo, P. Maldini, F. Baresi, Di Bartolomei, Tassotti, Icardi (69' P. Rossi), Wilkins, Hateley, Evani, Virdis – In panchina: Nuciari, Mancuso, Russo, Carotti - All.: N. Liedholm

ARBITRO: Pieri

RETI: 62' Laudrup

NOTE: Stadio Comunale, 41.300 spettatori – nessun cartellino

Guardala su Youtube!

JUVENTUS – BRESCIA 3-2

Torino, 17/05/1987 – Serie A

Ultima giornata di un campionato deludente per la Juventus. Dopo undici stagioni ricche di successi, Giovanni Trapattoni ha lasciato la panchina dei campioni d'Italia a Rino Marchesi. In campionato i bianconeri chiudono al secondo posto, dietro al Napoli di Maradona. In Europa brucia l'eliminazione ai calci di rigore col Real Madrid. Ma questa partita, ininfluente ai fini della classifica, resterà nella storia juventina come l'ultima volta che Michel Platini indossa la maglia numero dieci bianconera. Le Roi ha infatti deciso di ritirarsi dal calcio giocato prima ancora di compiere 32 anni.

Michel ha disputato cinque stagioni alla Juventus, totalizzando 104 reti in 224 presenze. Ha contribuito alla vittoria di 2 scudetti, 1 Coppa Italia, 1 Coppa dei Campioni, 1 Coppa delle Coppe, 1 Supercoppa Europea ed una 1 Coppa Intercontinentale. Durante la permanenza a Torino ha vinto per ben tre volte la classifica dei marcatori ed è stato premiato per tre volte consecutive col Pallone d'Oro. Personalmente lo ricordo come il più grande calciatore che abbia visto giocare coi nostri colori.

JUVENTUS: Tacconi, Favero, Caricola, Bonini, Brio, Scirea, Mauro (62' Bonetti I.), Manfredonia, Serena A., Platini, Buso (68' Briaschi) – In panchina: Bodini, Vignola, Bruzzano - All.: R. Marchesi

BRESCIA: Aliboni, Ceramicola, Branco, Sacchetti, Chiodini, Occhipinti, Bonometti, Zoratto (81' Turchetta), Iorio, Beccalossi, Gritti – In panchina: Pionetti, De Martino, Gentilini, Chierici - All.: B. Giorgi

ARBITRO: Lo Bello R.

RETI: 4' Serena A., 6' Gritti (rig.), 22' Brio, 41' Iorio, 78' Bonetti I.

NOTE: Stadio Comunale – Ammoniti: Manfredonia, Branco, Sacchetti, Occhipinti

Guardala su Youtube!

JUVENTUS – NAPOLI 3-1

Torino, 17/04/1988 – Serie A

Ventiseiesima giornata di campionato, a Torino arriva il Napoli di Maradona. I partenopei sono campioni d'Italia in carica e guidano la classifica con 4 punti di vantaggio sul Milan di Arrigo Sacchi. La Juve – terminato due anni prima il ciclo Trapattoni – vive una stagione difficile e si trova al settimo posto in classifica. I ragazzi di Rino Marchesi affrontano però questo match con grande orgoglio e mettono sotto il Napoli per tutta la partita. Apre la marcature il Capitano, Antonio Cabrini, con un colpo di testa su calcio d'angolo dalla sinistra. Nella ripresa, dopo che Carnevale fallisce il pareggio colpendo la traversa da due metri, la Juve raddoppia: il gallese Ian Rush – delusione stagionale dopo essere arrivato da Liverpool con la fama di implacabile bomber – raccoglie un cross rasoterra di De Agostini e al volo gira in rete superando Garella.

Pochi minuti dopo il gol che chiude definitivamente il match: incursione in area del danese Laudrup che al momento del tiro viene steso dal giovane Ciro Ferrara; De Agostini trasforma il rigore del 3-0. La Juve resta in dieci per l'espulsione di Cabrini ma il Napoli non va oltre il gol della bandiera col brasiliano Careca. I partenopei nelle giornate successive verranno superati in classifica dal Milan degli olandesi, mentre la Juve concluderà la stagione settima ed esclusa dalle coppe europee.

JUVENTUS: Tacconi, Favero, Cabrini; Bruno, Brio, Tricella; Mauro (88' Buso), Bonini, Rush; De Agostini, Laudrup (84' Scirea) – All.: R. Marchesi

NAPOLI: Garella, Ferrara, Francini; Bagni (56' Filardi), Ferraro, Renica; Careca, De Napoli, Giordano (46' Carnevale); Maradona, Romano - All.: O. Bianchi

RETI: 19' Cabrini, 67' Rush, 73' De Agostini (rig.), 83' Careca

ARBITRO: Lanese

NOTE: Stadio Comunale – Espulso Cabrini al 75' (doppia ammonizione)

Guardala su Youtube!

JUVENTUS – ATHLETIC BILBAO 5-1

Torino, 26/10/1988 – Coppa UEFA

Gara di andata dei sedicesimi di finale di Coppa UEFA. Nel turno precedente i bianconeri hanno eliminato i romeni dell'Otetul Galati (sconfitta per 1-0 in trasferta, vittoria per 5-0 in casa). La Juve sta affrontando un ricambio generazionale, le ambizioni non sono quelle del recente passato ed in panchina si affida a Dino Zoff ed al suo vice Gaetano Scirea. La partita si incanala subito sul binario giusto, grazie da un gol dopo quattro minuti del danese Laudrup, bissato venti minuti dopo dal colpo di testa di Galia su cross di Marocchi.

I baschi provano a rialzare la testa con il gol di Uralde al 36' ma ci pensa Mauro, in chiusura di tempo, a ristabilire le distanze. Il discorso qualificazione verrà definitivamente archiviato nei primi sette minuti della ripresa: prima Altobelli (arrivato a fine carriera dall'Inter sperando di ripetere il percorso di Boninsegna di oltre un decennio prima) e poi ancora Laudrup affondano definitivamente l'Athletic. Al ritorno in terra basca finirà 3-2 per i padroni di casa e la Juve volerà agli ottavi.

JUVENTUS: Tacconi, Favero, De Agostini, Galia, Brio, Tricella, Marocchi, Rui Barros, Altobelli (24' st Cabrini), Mauro, Laudrup (40' st Buso) – In panchina: Bodini, Bruno, Magrin – All.: D. Zoff

ATHLETIC BILBAO: Biurrun, Lacabeg, Alkorta, Txirri (32' st Ferreira), Andrinus, Lizarralde, Gallego (12' st Mendiguren), Luis Fernando, Uralde, Elgezabal, Argote – In panchina: Iruarrizaga, Urrutia, Urtubi – All.: H. Kendall

ARBITRO: N. Midgley (Inghilterra)

RETI: 4' Laudrup, 24' Galia, 36' Uralde, 41' Mauro, 47' Altobelli, 52' Laudrup

NOTE: Stadio Comunale – Ammonito Lacabeg

Guardala su Youtube!

1990-1999

Juventus 1995/96

JUVENTUS – MILAN 3-0

Torino, 11/03/1990 – Serie A

In un caldo pomeriggio primaverile, arriva al Comunale il Milan di Arrigo Sacchi, lanciatissimo sia in campionato che in Coppa dei Campioni. Ad aspettarlo c'è però un'ottima Juve, ben messa in campo da Dino Zoff la cui riconferma sulla panchina bianconera è incerta.

Il primo gol arriva dopo soli 7 minuti grazie ad un duetto tra Zavarov ed Aleinikov - due tra i primi calciatori sovietici a giocare all'estero – in seguito al quale la palla arriva all'accorrente Schillaci che infila Galli con un preciso diagonale. Dopo soli 10 minuti la Juve raddoppia grazie ad un altro contropiede che coglie la difesa rossonera impreparata: conclusione di Galia rimpallata e Rui Barros deve solo appoggiare il pallone nella porta sguarnita. Il terzo gol è ancora figlio dell'intesa Aleinikov – Zavarov che libera Rui Barros in un contropiede solitario al termine del quale infilerà Galli per la seconda volta.

I rossoneri perdono l'imbattibilità dopo ben 17 giornate, sconfitti dalle reti di Totò Schillaci e di uno scatenato Rui Barros, l'imprendibile furetto portoghese (1.58mt di statura) che in due stagioni bianconeri collezionò 60 presenze condite da 14 gol.

JUVENTUS: Tacconi, Galia, De Agostini, Alessio (46′ Brio), Bruno, Bonetti I, Alejnikov, Rui Barros, Zavarov (74′ Serena), Marocchi, Schillaci – In panchina: Bonaiuti, Avallone, Fortunato - All.: D. Zoff

MILAN: G. Galli, Tassotti, P. Maldini, An. Colombo (38′ Stroppa), Costacurta, Baresi II, Donadoni (74′ Simone), Ancelotti, Van Basten, Evani, Massaro – In panchina: Pazzagli, Salvatori, Borgonovo - All.: A. Sacchi

ARBITRO: Longhi

RETI: 7′ Schillaci, 18′ e 58′ Rui Barros

NOTE: Stadio Comunale, spettatori 47.500 – Ammoniti: Tassotti, Ancelotti e Schillaci.

Guardala su Youtube!

MILAN – JUVENTUS 0-1

Milano, 25/04/1990 – Coppa Italia

Gara di ritorno della finale di Coppa Italia. All'andata finì 0-0 e per la Juve l'impresa appare improba, al cospetto del Milan di Arrigo Sacchi che neanche un mese dopo vincerà la Coppa dei Campioni battendo il Benfica a Vienna.

Si gioca di mercoledi pomeriggio, in un giorno festivo (25 aprile). La Juve passa in vantaggio con una rete di Roberto Galia - su assist di Marocchi al 17' – e riuscirà a conservare il vantaggio fino al novantesimo. Il capitano Stefano Tacconi mostra orgoglioso il trofeo appena vinto ai tanti tifosi bianconeri presenti allo stadio. La Juventus conquista la sua ottava Coppa Italia.

La Juve non è nei suoi anni migliori ma Dino Zoff è riuscito a creare un gruppo tosto e a dare un'impronta di gioco alla squadra. Oltre alla coppa Italia, a fine stagione arriverà in bacheca anche un prestigioso trofeo internazionale, la Coppa UEFA, ma Zoff verrà comunque sostituito da Maifredi con esiti deludenti.

MILAN: Galli G., Tassotti, Costacurta, Baresi, Colombo (66' Salvatori); Galli F., Donadoni, Rijkaard, Evani; Van Basten, Massaro (46' Borogonovo) – In panchina: Pazzagli, Carobbi, Simone - All. A. Sacchi

JUVENTUS: Tacconi; Napoli, Bonetti, Bruno, De Agostino; Alejnikov, Galia, Marocchi; Rui Barros; Casiraghi, Schillaci (75' Alessio). – In panchina: Bonaiuti, Brio, Zavarov, Serena - All. D. Zoff

ARBITRO: D'Elia

RETI: 17' Galia

NOTE: Stadio Giuseppe Meazza, spettatori 83.928 per un incasso di oltre 3 miliardi di lire. Ammoniti: Baresi, Marocchi.

Guardala su Youtube!

JUVENTUS – FIORENTINA 3-1

Torino, 02/05/1990 – Coppa UEFA

Gara di andata della finale tutta italiana di Coppa UEFA. A solo una settimana dal trionfo in Coppa Italia nella finale di San Siro contro il Milan, la Juventus si presenta all'appuntamento per chiudere la stagione con una doppietta storica dopo quasi quattro anni senza successi. Dino Zoff è da tempo a conoscenza della scelta della società di non confermarlo per la stagione successiva, ma non per questo viene meno alla serietà che ha sempre contraddistinto il suo operato come giocatore prima e come allenatore e dirigente dopo.

La Juve arriva in finale dopo aver eliminato nell'ordine Gornik Zabrze, PSG, Chemnitz, Amburgo e Colonia. La gara si apre con un altro gol di Roberto Galia, come nella finale di Coppa Italia, ma la Fiorentina pareggia subito con il gol dell'ex bianconero Renato Buso. Nella ripresa prima Casiraghi e poi Gigi De Agostini pongono le basi per affrontare con ottimismo la gara di ritorno che si terrà sul campo neutro di Avellino. Finirà 0-0 e la Juventus vincerà la seconda Coppa UEFA della sua storia.

JUVENTUS: Tacconi, Napoli, De Agostini, Bonetti, Bruno (46' Alessio), Galia, Aleinikov, Marocchi, Rui Barros, Schillachi, Casiraghi – In panchina: Bonaiuti, Rosa, Avallone, Zavarov – All.: D. Zoff

FIORENTINA: Landucci, Dell'Oglio, Battistini, Volpecina, Di Chiara, Dunga, Kubík (87' Malusci), Pin, Buso, Baggio, Nappi – In panchina: Pellicano, Iachini, Callegari, Banchelli – All.: F. Graziani

ARBITRO: Soriano Aladrèn (Spagna)

RETI: 3' Galia, 10' Buso, 59' Casiraghi, 73' De Agostini

NOTE: Stadio Comunale, spettatori 47.519 – Ammoniti: Tacconi, Bonetti, Nappi

Guardala su Youtube!

INTER – JUVENTUS 1-2 d.t.s.

Milano, 26/02/1992 – Coppa Italia

Gara di ritorno dei quarti di finale di Coppa Italia. All'andata la Juve si è imposta per 1-0 grazie ad una rete di Paolo Di Canio. Il match è combattuto ma si sblocca solo a 10 minuti dalla fine quando il giovane Ciocci raccoglie di testa un assist di Nicola Berti e supera Peruzzi. I nerazzurri, sulle ali dell'entusiasmo, provano a chiudere la partita ma la difesa bianconera regge bene e si va ai supplementari. Qui diventa protagonista Roberto Baggio che Trapattoni ha inserito solo al 70': al 99' trasforma un calcio di punizione sul quale Zenga quasi non si muove ed all'ultimo minuto in contropiede sigla il gol della vittoria.

In semifinale la Juve affronterà il Milan di Fabio Capello su cui avrà la meglio grazie ad un gol di Totò Schillaci a Torino, dopo lo 0-0 dell'andata a San Siro. Sarà il Parma di Nevio Scala, in finale, a privarci della gioia di alzare la Coppa (1-0 a Torino, 0-2 a Parma).

INTER: Zenga, Bergomi, Brehme, Baggio D., Montanari, Orlando, Bianchi A. (63' Desideri), Berti, Ciocci, Matthaeus, Fontolan (75' Delvecchio M.) – All.: L. Suarez

JUVENTUS: Peruzzi, Luppi, Marocchi, De Agostini, Kohler, Carrera M., Galia, Reuter (91' Conte A.), Schillaci, Di Canio, Alessio (70' Baggio R) – All.: G. Trapattoni

ARBITRO: Lanese

RETI: 79' Ciocci, 99' R. Baggio, 119' R. Baggio

NOTE: Stadio Giuseppe Meazza – Ammoniti: Brehme, Bergomi, Ciocci, Reuter, Di Canio, Marocchi, R. Baggio - Espulso Desideri al 115' per somma di ammonizioni

Guardala su Youtube!

BORUSSIA DORTMUND – JUVENTUS 1-3

Dortmund, 09/05/1993 – Coppa UEFA

La Juventus ha avviato il processo di ricambio generazionale ed in questa stagione arrivano – oltre a stranieri di ottimo livello come David Platt e Andreas Möller - alcuni dei giocatori italiani che segneranno l'era del primo Lippi e dei suoi trionfi (Vialli, Ravanelli, Torricelli). La squadra di Trapattoni ritorna dopo tre anni in finale di Coppa UEFA dopo aver eliminato i ciprioti dell'Anorthosis, i greci del Panathinaikos, i cechi del Sigma Olomuc, i portoghesi del Benfica ed i francesi del Paris Saint Germain.

Già all'andata in Germania i bianconeri pongono le basi per il successo finale, nonostante il colpo subito a freddo da Rummenigge che va a segno dopo soli due minuti. La Juve non si disunisce e trova il pareggio al 26' con un diagonale di Dino Baggio servito dal talentuoso Möller. Passano quattro minuti e la Juve raddoppia:

fuga in contropiede di Marocchi, palla a Vialli in fascia che disorienta l'avversario con una finta, serve un assist a cento area per Roberto Baggio che controlla e insacca. Nella ripresa sarà ancora il Divin Codino a segnare, rendendo più agevole la gara di ritorno.

BORUSSIA DORTMUND: Klos, Reinhardt, Franck (46' Mill), Schmidt, Grauer, Lusch, Reuter, Zorc (70' Karl), Chapuisat, Rummenigge, Poschner – In panchina: Galeski, Tretschok, Sippel - All.: O. Hitzfeld

JUVENTUS: Peruzzi, Carrera, De Marchi, D.Baggio, Kohler, Júlio César, Conte, Marocchi, Vialli, R.Baggio (76' Di Canio), Möller (88' Galia) – In panchina: Rampulla, Giacobbo, Ravanelli - All.: G. Trapattoni

ARBITRO: Puhl (Ungheria)

RETI: 2' Rummenigge, 26' D. Baggio, 30' e 75' R. Baggio

NOTE: Westfalenstadion Stadion, 38.000 spettatori – Ammoniti: M. Rummenigge, Conte, Marocchi

Guardala su Youtube!

JUVENTUS – BORUSSIA DORTMUND 3-0

Torino, 19/05/1993 – Coppa UEFA

Dieci giorni dopo la vittoria per 3-1 a Dortmund, la Juve ospita al Delle Alpi il Borussia Dortmund nella finale di ritorno della Coppa UEFA 1992/93. La superiorità bianconera era apparsa evidente già all'andata, ma questa partita la conferma in modo perentorio. E' ancora Dino Baggio ad aprire le marcature con un potente sinistro sotto la traversa da distanza ravvicinata, dopo un delizioso assist di tacco di Vialli.

Sempre Dino Baggio, vero mattatore di queste due finali, segna di testa sul finire del primo tempo, raccogliendo un cross su punizione dal limite dell'area di Möller. Lo stesso Andy Möller al 65' chiude definitivamente la partita. Sarò il capitano Roberto Baggio ad alzare la Coppa UEFA - la terza vinta dalla Juventus - nel tripudio dei tifosi al Delle Alpi e nelle piazze di Torino.

JUVENTUS: Peruzzi, Carrera, Torricelli (66' Di Canio), De Marchi, Kohler, Júlio César, Galia, D.Baggio, Vialli (80' Ravanelli), R.Baggio, Möller – In panchina: Rampulla, Dal Canto, Marocchi - All.: G. Trapattoni

BORUSSIA DORTMUND: Klos, Reinhardt, Schmidt, Schulz, Zelic, Paschner, Reuter (65' Lusch), Karl, Sippel, Rummenigge (44' Franck), Mill – In panchina: Galeski, Grauer, Raschke - All.: O. Hitzfeld

ARBITRO: Blankenstein (Olanda)

RETI: 5' D.Baggio, 43' D.Baggio, 65' Möller

NOTE: Stadio Delle Alpi, 63.000 spettatori – Ammoniti: De Marchi, Galia, Zelic

Guardala su Youtube!

JUVENTUS – FIORENTINA 3-2

Torino, 04/12/1994 – Serie A

Stagione fondamentale nella storia bianconera: finisce l'era Boniperti, Umberto Agnelli nomina una nuova dirigenza (Giraudo, Moggi e Bettega) e sulla panchina arriva l'emergente Marcello Lippi che – anche per sfruttare la novità dei 3 punti a vittoria – mette in campo una Juve aggressiva e con tre punte sempre pronte a colpire (Vialli, Del Piero e Ravanelli). Questa partita in particolare costituisce uno snodo fondamentale della stagione che riporterà lo scudetto nella bacheca bianconera dopo nove anni.

La Juve chiude il primo tempo sotto di due reti e – nonostante gli sforzi e le tante occasioni – sembra soccombere. Quando manca un quarto d'ora circa al fischi finale, il capitano Gianluca Vialli suona la carica e con una doppietta riporta il risultato in parità.

Ma è di Alessandro Del Piero, che ha da poco compiuto 20 anni, il gol della vittoria. Si tratta di una prodezza tecnica che è rimasta nella storia, un gol da cineteca: mancano tre minuti al novantesimo, lancio lungo di Orlando, quasi dalla linea di centrocampo, Alex corre verso l'area in mezzo a due difensori viola e – quando la palla scende – la colpisce al volo di destro disegnando una parabola incredibile che si insacca alle spalle di Toldo. E' nata una stella che brillerà per due decenni nel firmamento bianconero.

JUVENTUS: Peruzzi, Ferrara, Orlando, Carrera, Porrini, Paulo Sousa, Torricelli (53' Tacchinardi), Marocchi (74' Jarni), Vialli, Del Piero, Ravanelli – In panchina: Rampulla, Tognon, Grabbi - All.: M. Lippi

FIORENTINA: Toldo, Carnasciali, Pioli, Cois (91' Flachi), Marcio Santos, Malusci, Robbiati, Carbone, Batistuta, Rui Costa, Baiano (71' Amerini) - In panchina: Scalabrelli, Luppi, Sottil - All.: C. Ranieri

ARBITRO: Stafoggia

RETI: 24' Baiano, 35' Carbone, 73' Vialli, 76' Vialli, 87' Del Piero

NOTE: Stadio delle Alpi, Spettatori 54.355 - Ammoniti: Marocchi, Vialli, Amerini, Cois, Malusci

Guardala su Youtube!

PARMA – JUVENTUS 1-3

Parma, 08/01/1995 – Serie A

Quindicesima giornata di campionato, il Parma di Nevio Scala è in testa al campionato ed ospita al Tardini la nuova Juve di Marcello Lippi che segue ad un punto di distanza in classifica. Le due squadre dominano la scena sia in Italia che in Europa: a maggio si giocheranno la finale tutta italiana di Coppa UEFA, poi vinta dai gialloblu. In un certo senso possiamo dire che in questa partita nasce il tridente offensivo che l'anno dopo contribuirà in maniera decisiva alla conquista della Champions League: complice l'assenza di Roberto Baggio, Lippi schiera insieme Vialli, Del Piero e Ravanelli. La classe, la potenza e lo spirito di sacrificio dei tre sarà uno dei marchi di fabbrica della prima Juve lippiana.

La partita vede un Parma in difficoltà ma che trova il gol con l'ex Dino Baggio, in una delle rare occasioni create. Dopo un'ora di gioco, potrebbe essere una mazzata sul piano emotivo per i bianconeri che non stavano demeritando. Ma non è così per 'questa' Juve: prima Paulo Sousa, complice l'errore di Giovanni Galli, poi Ravanelli con una doppietta rimontano il risultato e lanciano la squadra in testa alla classifica.

PARMA: Bucci (31' Galli), Di Chiara (48' Benarrivo), Minotti, Apolloni e Couto, Sensini, D.Baggio e Crippa, Branca, Zola, Asprilla - In panchina: Castellini, Caruso, Pin – All.: N. Scala.

JUVENTUS: Peruzzi, Ferrara, Torricelli, Fusi, (60' Jarni), Carrera, Paulo Sousa (84' Marocchi), Tacchinardi e Conte, Vialli, Del Piero e Ravanelli - In panchina: Rampulla, Orlando. Di Livio – All.: M. Lippi.

ARBITRO: Ceccarini

RETI: 57' D. Baggio, 63' Paulo Sousa, 70' Ravanelli, 74' Ravanelli (rigore)

NOTE: Stadio Ennio Tardini, 28.000 spettatori per un incasso di 1 miliardo e 400 milioni di lire – Espulso Couto (doppia ammonizione), ammoniti: Minotti, Crippa, Asprilla, Torricelli, Jarni, Sousa

Guardala su Youtube!

MILAN – JUVENTUS 0-2

Milano, 01/04/1995 – Serie A

Venticinquesima giornata di campionato, la Juve comanda la classifica con sei punti di vantaggio sul Parma. Il Milan – ormai concentrato sulla Champions, dove verrà sconfitto in finale dall'Ajax – prova a resistere allo spumeggiante gioco bianconero ma nel finale del primo tempo si deve arrendere ad una autentica prodezza di Fabrizio Ravanelli: dopo un triangolo con Vialli, 'Penna bianca' supera Rossi in uscita con un 'sombrero' ed appoggia il pallone in rete di testa. E' il suo venticinquesimo gol in stagione, il primo della carriera a San Siro. A dieci minuti dalla fine è invece Gianluca Vialli a prendere la mira dentro l'area e bucare nuovamente la difesa rossonera: 2-0.

Questa vittoria e la concomitante sconfitta del Parma a Roma spingono la Juve a +9 sugli inseguitori, una seria ipoteca sul 23° scudetto bianconero. La matematica certezza arriverà alla terz'ultima giornata, grazie alla vittoria casalinga proprio contro il Parma per 4-0 (doppietta di Ravanelli, gol di Vialli e Deschamps).

MILAN: Rossi, Panucci, Maldini, Albertini (79' Sordo), F.Galli, Baresi, Eranio (46' Di Canio), Donadoni, Boban, Savicevic, Simone – In panchina: Ielpo, Tassotti, Costacurta - All.: F. Capello

JUVENTUS: Peruzzi, Ferrara, Torricelli (85' Porrini), Carrera, Kohler, Paulo Sousa (75' Marocchi), Deschamps, Conte, Vialli, R.Baggio, Ravanelli - In panchina: Rampulla, Di Livio, Del Piero - All.: M. Lippi

ARBITRO: Boggi

RETI: 41' Ravanelli, 84' Vialli

NOTE: Stadio Giuseppe Meazza – Espulso all'86' Boban, ammoniti Deschamps, Panucci, Sordo

Guardala su Youtube!

JUVENTUS – TORINO 5-0

Torino, 3/12/1995 – Serie A

Dodicesima giornata di campionato, la Juve campione d'Italia si presenta al derby della Mole al sesto posto in classifica. I granata navigano invece in zona retrocessione e cercano di ripetere i successi della stagione precedente quando si aggiudicarono entrambe le stracittadine. Il match prende una piega favorevole ai bianconeri già dopo tre minuti, quando Vialli schiaccia in rete di testa un preciso cross dalla destra di Di Livio. E' ancora il capitano juventino ad andare in rete – e chiudere la partita – due volte nel primo tempo: al 27' su assist di testa di Tacchinardi ed al 43' con un gran sinistro al volo su cross dalla sinistra di Ravanelli.

Nella ripresa i bianconeri fisseranno il risultato sul 5-0 grazie alle reti di Ciro Ferrara in apertura e di Fabrizio Ravanelli su calcio di rigore. La Juve torna ad avere il predominio cittadino dopo un anno di pausa. Ad oggi il bilancio dei derby, in campionato, è di 75 vittorie bianconere, 45 pareggi e 35 vittorie granata.

JUVENTUS: Peruzzi, Ferrara C., Tacchinardi, Carrera M., Torricelli, Di Livio, Paulo Sousa (72' Pessotto), Deschamps, Del Piero, Vialli (80' Padovano), Ravanelli (72' Jugovic) – In panchina: Rampulla, Porrini - All.: M. Lippi

TORINO: Doardo, Angloma, Maltagliati, Bacci, Sogliano (19' Bernardini), Milanese, Cristallini, Pelè, Dal Canto (53' Cravero), Rizzitelli, Karic (62' Dionigi) – In panchina: Caniato, Longo - All.: N. Sonetti

ARBITRO: Nicchi

RETI: 3' Vialli, 27' Vialli, 43' Vialli, 47' Ferrara, 67' Ravanelli (rig.)

NOTE: Stadio delle Alpi – Ammoniti: Cristallini e Torricelli

Guardala su Youtube!

JUVENTUS – REAL MADRID 2-0

Torino, 20/03/1996 – Champions League

La Juventus, reduce da un girone vinto con una giornata di anticipo, ai quarti di finale pesca il Real Madrid dell'ex Laudrup. Siamo nell'anno della consacrazione internazionale del giovane Alessandro Del Piero che va a segno in tutte le prime cinque partite di Champions (record eguagliato anni dopo da Alvaro Morata). Nella gara di andata al Bernabeu un gol di Raul aveva regalato al Real Madrid un risultato importante in vista del ritorno a Torino. Lippi recupera Vialli ma perde Ravanelli, Ferrara e Carrera.

Al 17' è proprio Del Piero a segnare il gol del vantaggio bianconero con un magistrale calcio di punizione che "attraversa" la barriera spagnola e risulta imprendibile per Canizares. Bastano nove minuti nella ripresa per completare la rimonta: Porrini raccoglie una corta respinta della retroguardia madrilena e serve subito Michele Padovano che fredda il portiere spagnolo con un preciso diagonale mancino. Lo stadio esplode di gioia, la Juve difende il risultato sull'onda dell'entusiamo ed il Real non andrà oltre qualche tentativo velleitario. Nemmeno le espulsioni di Alkorta e Torricelli modificheranno il corso della gara. La Juventus è di nuovo in semifinale di Champions dopo undici anni.

JUVENTUS: Peruzzi, Torricelli, Porrini, Vierchowod, Pessotto, Jugovic (dal 64' Di Livio), Deschamps, Conte, Del Piero (dall'88' Marocchi), Vialli, Padovano (dal 74' Lombardo) - In panchina: Rampulla, Tacchinardi - All.: M. Lippi.

REAL MADRID: Canizares, Chendo, Lasa, Alkorta, García Calvo, Quique Flores (dal 56' Rincon), Luis Milla, Míchel (dal 64' Esnaider), Luis Enrique, M. Laudrup, Raul – In panchina: Sanchis, Alvaro Benito - All.: A. Iglesias

ARBITRO: Van der Ende (Olanda)

RETI: 17' Del Piero, 54' Padovano

NOTE: Stadio delle Alpi, 69.000 spettatori – Espulsi Alkorta (25' st) e Torricelli (34' st), ammoniti: Jugovic, Deschamps, Conte, Del Piero, Milla, Michel, Luis Enrique

Guardala su Youtube!

JUVENTUS – NANTES 2-0

Torino, 03/04/1996 – Champions League

Dopo aver eliminato il Real Madrid, in semifinale la Juve trova i campioni di Francia del Nantes. Lippi non ha paura di attaccare e schiera un tridente offensivo formato da Vialli, Del Piero e Padovano. Dopo le schermaglie iniziali, Vialli impegna in rovesciata il portiere francese costringendolo alla deviazione in calcio d'angolo. A fine primo tempo il Nantes resta in dieci: Carotti, già ammonito, commette fallo da dietro su Padovano e Gallagher gli mostra il cartellino rosso. Nella ripresa, in superiorità numerica, la Juve aumenta la pressione offensiva ed è Vialli, ancora una volta, a trascinare i compagni: su colpo di testa di Vierchowod, il capitano bianconero gira in rete da centro area e sigla il gol dell' 1-0.

Dopo il palo colpito da Porrini di testa, Jugovic al 65' pone un'ipoteca sulla qualificazione con un gran tiro di destro da fuori area all'incrocio. Al ritorno finisce 3-2 per i francesi con la Juve che va due volte in vantaggio, prima con Vialli e poi con Paulo Sousa, prima di venir superata nel finale dai francesi. La Juve si è guadagnata il diritto di giocarsi nuovamente – dopo la ferita dell'Heysel, undici anni prima - la Coppa dei Campioni (ora Champions League) nella finale in programma a Roma a maggio.

JUVENTUS: Peruzzi, Ferrara, Porrini, Vierchowod (62' Marocchi), Di Livio (79' Lombardo), Sousa (82' Carrera), Jugovic, Pessotto, Padovano, Vialli, Del Piero – In panchina: Rampulla, Baccin – All.: M. Lippi

NANTES: Casagrande, Decroix, Le Dizet, Capron, Carotti, Pignol, Cauet, Ferri, Gourvennec (46' Chanelet), Kosecki (68' Guyot), Ouedec (86' Peyrelade) – In panchina: Marraud, Renoud – All.: J.C. Seaudeau

ARBITRO: Gallagher (Inghilterra)

RETI: 49' Vialli, 65' Jugovic

NOTE: Stadio delle Alpi, 55.000 spettatori - Espulso al 12' pt Carotti - Ammoniti Gourvennec, Ferri, Guyot, Pignol, Le Dizet

Guardala su Youtube!

AJAX – JUVENTUS 1-1 (3-5 d.c.r.)

Roma, 22/05/1996 – Champions League

Dopo una lunga stagione europea, la Juve arriva alla sua quarta finale di Champions League. Gli avversari sono i campioni in carica dell'Ajax, lo scenario è quello dello Stadio Olimpico di Roma dove la tifoseria bianconera è in maggioranza. I bianconeri partono subito forte, aggredendo gli avversari, e trovano il gol con una prodezza di Ravanelli che ruba caparbiamente il pallone alla difesa avversaria e infila la porta da posizione impossibile. Nel finale del primo tempo l'Ajax trova il pareggio in mischia con il finlandese Litmanen.

Nella ripresa e nei supplementari la Juve avrebbe diverse occasioni per segnare ma la porta avversaria sembra stregata. Si arriva così ai calci di rigore. Peruzzi fa la sua parte e Jugovic sancisce il trionfo con l'ultimo rigore calciato basso ed angolato. Lo stadio esplode, i giocatori festeggiano in campo ed il capitano, Gianluca Vialli, alza la Coppa. E' la seconda e per ora ultima vittoria bianconera nella competizione, nonostante le ben 5 finali disputate da allora. E' l'unica finale alla quale ho assistito personalmente dagli spalti. Visto il nostro score, direi che sono stato molto fortunato.

AJAX: Van der Sar, Silooy, Blind, De Boer F. (68' Scholten), Bogarde, De Boer R. (91' Wooter), Finidi, Davids, Kanu, Litmanen, Musampa (46' Kluivert). In panchina: Grim, Van den Bergh. - Allenatore L. Van Gaal

JUVENTUS: Peruzzi, Ferrara C., Pessotto, Torricelli, Vierchowod, Paulo Sousa (57' Di Livio), Deschamps, Conte A. (44' Jugovic), Vialli, Del Piero, Ravanelli (77' Padovano). In panchina: Rampulla, Porrini. - Allenatore M. Lippi

ARBITRO: Diaz Vega (Spagna)

RETI: 13' Ravanelli, 41' Litmanen

RIGORI: Davids (parato), Ferrara C. (gol), Litmanen (gol), Pessotto (gol), Scholten (gol), Padovano (gol), Silooy (parato), Jugovic (gol)

NOTE: Stadio Olimpico, 67mila spettatori. Ammoniti: Jugovic, Deschamps, Torricelli, Di Livio, Finidi, Blind, Wooter

Guardala su Youtube!

JUVENTUS – INTER 2-0

Torino, 20/10/1996 – Serie A

La Juve neo-campione di Europa si presenta ai nastri di partenza del campionato con una rosa rinnovata. Durante il calcio mercato estivo sono stati ceduti Vialli, Ravanelli, Paulo Sousa e Carrera; sono invece arrivati a Torino Zidane, Vieri, Amoruso, Boksic, Iuliano e Montero. L'inizio di campionato è altalenante: nelle prime cinque giornate i bianconeri collezionano tre vittorie, un pareggio (a Reggio) ed una sconfitta (a Vicenza). Reduce da questa inattesa sconfitta, la Juve ospita la capolista Inter alla sesta giornata. Il primo tempo è quasi un monologo bianconero, le occasioni fioccano ma non vengono concretizzate per inprecisione o sfortuna (il palo di Boksic). Ci vuole un triangolo al limite dell'area tra Padovano e Jugovic concluso con un gran destro dal serbo per scardinare la difesa nerazzura prima dello scadere.

Ad inizio ripresa è il palo a negare a Zamorano il pareggio. Il gol che chiude la partita è siglato da Zinedine Zidane che raccoglie un pallone ai venti metri e lascia partire un destro imparabile per Pagliuca. Nella mezz'ora rimanente l'Inter non riesce a segnare il gol della bandiera, mentre la Juve colpisce una traversa con Ferrara. Grazie a questa strameritata vittoria i bianconeri si portano in testa alla classifica.

JUVENTUS: Peruzzi, Torricelli, Ferrara, Montero, Pessotto (84' Iuliano), Di Livio (90' Ametrano), Deschamps, Zidane, Jugovic, Boksic, Padovano (84' Vieri) - In panchina: Rampulla, Porrini, Lombardo, N. Amoruso – All.: M. Lippi

INTER: Pagliuca, Angloma, M. Paganin, Fresi (80' Festa), Pistone, J. Zanetti, Sforza, Winter (80' Berti), Djorkaeff, Zamorano (80' Ganz), Branca - In panchina: Mazzantini, Bergomi, Galante, D'Autilia – All.: Ardemagni (d.t. Hodgson)

ARBITRO: Braschi

RETI: 40' Jugovic, 62' Zidane

NOTE: Stadio delle Alpi – 42.000 spettatori – Ammoniti: Pagliuca, Pistone, Fresi, M. Paganin, Angloma

Guardala su Youtube!

MANCHESTER UNITED – JUVENTUS 0-1

20/11/1996 – Champions League

Sul campo del glorioso stadio di Old Trafford va in scena la quinta giornata della fase a gironi di Champions League. Alla Juve di Marcello Lippi basta un punto per qualificarsi matematicamente agli ottavi, ma i precedenti non sono confortanti: sconfitta nel '76, pareggio nell'84.

I bianconeri entrano in campo decisi e poco dopo la mezz'ora trovano il gol: Del Piero parte dalla fascia destra, entra in area e Butt ingenuamente lo atterra. L'arbitro non può far altro che fischiare il calcio di rigore che lo stesso Del Piero trasforma, calciando sotto la traversa un pallone imprendibile per Schmeichel. Il risultato resiste fino al novantesimo, facendo il paio con l'1-0 dell'andata (gol di Boksic), e consente alla Juve di qualificarsi con un turno di anticipo. Agli ottavi il sorteggio ci riserverà i norvegesi del Rosenborg che verranno superati senza troppe difficoltà: 1-1 in trasferta e 2-0 in casa.

MANCHESTER UNITED: Schmeichel, G. Neville, Johnsen, May, P.Neville (12' Mc Clair), Beckam, Butt, Keane, Giggs, Cantona, Solskjaer (37' J. Cruyff) – In panchina: Van der Gouw, Scholes, Poborsky – All.: A. Ferguson

JUVENTUS: Peruzzi, Porrini, Ferrara, Montero, Torricelli 6 (38' st Iuliano), Di Livio 7 (35' st Tacchinardi), Deschamps, Zidane, Jugovic, Boksic, Del Piero – In panchina: Rampulla, Lombardo, Padovano – All.: M. Lippi

ARBITRO: Aranda (Spa)

RICCARDO ANDREASI

RETI: 35' Del Piero (rig.)

NOTE: Old Trafford, 53.529 spettatori - Ammoniti: Cantona, Torricelli, Jugovic, Ferrara

Guardala su Youtube!

RIVER PLATE - JUVENTUS 0-1

Tokio, 26/11/1996 – Coppa Intercontinentale

Grazie alla vittoria contro l'Ajax nella finale di Roma, la Juve acquisisce il diritto di affrontate la squadra vincitrice della Copa Libertadores nella Coppa Intercontinentale che si svolge ogni anno a Tokio, in Giappone. L'avversario è il River Plate di Ramon Diaz, ora allenatore ma vecchia conoscenza del calcio italiano (attaccante di Napoli, Avellino, Fiorentina e Inter negli anni '80), che si rivela un avversario tenace e di buon livello tecnico.

La partita scorre senza troppi sussulti, entrambe le squadre sono attente a non sbilanciarsi ed i supplementari sembrano l'epilogo più logico dell'incontro. Ma la classe di Del Piero è sempre in agguato: a dieci minuti dalla fine, Alex raccoglie un colpo di testa di Zidane, addomestica il pallone senza fargli toccare terra e scaglia un diagonale imprendibile sotto la traversa.

L'equilibrio è spezzato e per il River non c'è più nulla da fare. La Juventus sale per la seconda volta sul tetto del mondo, conquistando la sua seconda Coppa Intercontinentale dopo quella del 1986.

RIVER PLATE: Bonano, Diaz, Ayala, Berizzo, Sorin, Monserrat, Astrada, Berti (75' Gancedo), Ortega, Francescoli, Cruz (84' Salas) – In panchina: Burgos, Rivarola, Escudero, Gallardo, Medina Bello – All.: R. DIaz

JUVENTUS: Peruzzi, Ferrara, Torricelli, Montero, Porrini, Di Livio, Deschamps, Jugovic, Zidane (87' Tacchinardi), Del Piero, Boksic – In panchina: Rampulla, Iuliano, Lombardo, Ametrano, Padovano, Vieri – All.: M. Lippi

Arbitro: M. Rezende (Brasile)

RETI: 81' Del Piero

NOTE: National Olympic Stadium – ammoniti: Jugovic, Montero, Porrini, Torricelli, Zidane, Astrada

Guardala su Youtube!

PARIS SAINT GERMAIN – JUVENTUS 1-6

Parigi, 15/01/1997 – Supercoppa UEFA

Finale di Supercoppa Europea che vede opposte, con la formula del doppio confronto, la vincitrice della Champions League e quella della Coppa UEFA (in questa edizione il PSG, prima ed unica squadra francese ad aggiudicarsi il trofeo). Nella gara di andata, al Parco dei Principi, la Juve dimostra in modo clamoroso la propria superiorità, imponendosi con un punteggio tennistico. I bianconeri si portano subito in vantaggio con Porrini, uno dei grandi gregari della prima Juve di Lippi, e poi dilagano chiudendo il primo tempo sul 4-0.

Nella ripresa il PSG segnerà il gol della bandiera su rigore con Raì (fratello del più famoso Socrates, campione del Brasile che giocò anche in Italia alla Fiorentina), prima di subire altri due gol ad opera di Attilio Lombardo e Nick Amoruso. Un trionfo che renderà la gara di ritorno una passerella.

PARIS SAINT-GERMAIN: Lama, Algerino (34' Kenedy), N'Gotty, Le Guen, Domi (56' Leonardo), Leroy, Fournier, Raì, Guerin, Dely Valdes (61' Pouget), Loko – In panchina: Fernandez, Allou – All.: Ricardo Gomes

JUVENTUS: Peruzzi, Torricelli, Ferrara C. (72' Iuliano), Porrini, Pessotto, Di Livio, Deschamps, Zidane, Tacchinardi (67' Lombardo), Padovano (72' Amoruso), Del Piero – In panchina: Rampulla, Montero - All.: M.Lippi

ARBITRO: Levnikov (Russia)

RETI: 5' Porrini, 22' N'Gotty autorete, 35' Ferrara, 41' Padovano, 52' Raì rigore, 83' Lombardo, 89' Amoruso

NOTE: Stadio Parc des Princes, 30.000 spettatori circa - Espulso Fournier al 63' per doppia ammonizione - Ammoniti: Raì e Deschamps

Guardala su Youtube!

JUVENTUS - PARIS SAINT GERMAIN 3-1

Palermo, 05/02/1997 – Supercoppa UEFA

Tre settimane dopo la trionfale goleada di Parigi, la gara di ritorno è solo un formalità. La società decide di lasciare Torino e disputare la partita casalinga a Palermo, dove i tifosi juventini non mancano di certo e fanno sentire il loro calore alla squadra. Il clima di festa viene alimentato dall'ennesima vittoria bianconera con una doppietta di Alessandro Del Piero, inframezzata come all'andata dal rigore di Raì, e con il gol a tempo scaduto di Christian Vieri. Il 9-2 complessivo – tra andata e ritorno - è lo scarto più ampio mai registrato in finali di competizioni UEFA. La Juve conquista sua seconda, e per ora ultima, Supercoppa Europea.

JUVENTUS: Peruzzi, Torricelli (72' Porrini), Ferrara C., Montero, Pessotto, Di Livio, Tacchinardi (68' Lombardo), Zidane, Jugovic, Del Piero, Padovano (68' Vieri) – In panchina: Rampulla, Iuliano - All.: M.Lippi

PARIS SAINT-GERMAIN: Lama, Algerino, Le Guen, Domi, Kenedy, Raì, Guerin (78' Leroy), Cauet, Leonardo (81' Allou), Dely Valdes, Loko (92' Calenda) – In panchina: Fernandez, Pouget - All.: Ricardo Gomes

ARBITRO: Muhmenthaler (Svizzera)

RETI: 36' Del Piero, 65' Raì rigore, 71' Del Piero, 92' Vieri

NOTE: Stadio La Favorita, 36.000 spettatori circa – Ammonito Domi

Guardala su Youtube!

MILAN – JUVENTUS 1-6

Milano, 06/04/1997 – Serie A

Ottava giornata del girone di ritorno, la Juventus è saldamente in testa alla classifica con 49 punti (6 di vantaggio sul Parma) mentre il Milan si barcamena all'ottavo posto con 36 punti. E' una partita memorabile per tutti i tifosi juventini: il pubblico di San Siro assiste infatti ad una incredibile lezione di calcio della Juve di Marcello Lippi con il Milan di Arrigo Sacchi nel ruolo di vittima sacrificale.

Il match si indirizza già nel primo tempo che la Juve chiude sopra di due gol (Jugovic e Zidane dal dischetto). Ma è nella ripresa che l'umiliazione inflitta ai rossoneri assumerà proporzioni storiche, anche grazie ai due giovani attaccanti bianconeri in stato di grazia, Vieri e Amoruso. Per capire il dislivello tecnico, tattico ed atletico tra le due squadre basta dare un'occhiata – oltre che al risultato tennistico di questa partita – al piazzamento in classifica a fine stagione: la Juve conquisterà il suo 24° scudetto, il Milan si dovrà accontentare di un anonimo 11° posto.

MILAN: Rossi, Reizger, Vierchowod, Baresi, Maldini, Savicevic, Desailly (80' Tassotti), Boban, Blomquist (60' R.Baggio), Dugarry, Simone - Allenatore Sacchi

JUVENTUS: Peruzzi, Porrini (75'Pessotto), Ferrara, Iuliano, Dimas, Di Livio, Tacchinardi, Zidane (Lombardo), Jugovic, Vieri, Boksic (40'Amoruso) - Allenatore Lippi

ARBITRO: Braschi

RETI: 19' Jugovic, 31' Zidane (rig.), 51' Jugovic, 71' Vieri, 73' Amoruso, 75' Simone, 80' Vieri

NOTE: 35.815 spettatori paganti a San Siro, per un incasso di 2.2 miliardi di lire. Ammoniti: Z. Boban, A. Di Livio

Guardala su Youtube!

AJAX – JUVENTUS 1-2

Amsterdam, 09/04/1997 – Champions League

Semifinale di andata di Champions League in casa dei finalisti dell'anno precedente, sconfitti a Roma ai calci di rigore. La squadra di Lippi impartisce una lezione di calcio agli olandesi a soli 3 giorni dalla goleada rifilata al Milan a San Siro. Il risultato sarebbe potuto essere molto più largo alla luce delle tante occasioni da gol prodotte. Decidono due gol dei due giovani attaccanti bianconeri, Vieri ed Amoruso, che ci spianano la strada per la gara di ritorno.

Tra i migliori in campo si segnalano anche i nostri due francesi, Didier Deschamps e Zinedine Zidane. Dopo questa grande prova di forza, anche Van Gaal, l'allenatore avversario, riconosce che "La squadra bianconera è attualmente la migliore al mondo." Al ritorno sarà un 4-1 senza storia. La Juve è in finale di CL per il secondo anno consecutivo.

AJAX: Van der Sar - Melchiot, Blind, F. De Boer, Scholten (32' st Wooter), Witschge (26' st Dani), Litmanen, Musampa (27' pt Bogarde), Babangida, R. De Boer, Overmars – In panchina: Grim, Juan – Allenatore: Louis Van Gaal

JUVENTUS: Peruzzi - Porrini, Ferrara, Montero, Pessotto, Di Livio (24' st Tacchinardi), Deschamps, Zidane, Jugovic (40' st Lombardo), Vieri, Amoruso. – In panchina: Rampulla, Conte, Iuliano – Allenatore: Marcello Lippi

ARBITRO: Lopez Nieto (Spagna)

RETI: 14' pt Amoruso, 41' pt Vieri, 21' st Litmanen.

NOTE: Amsterdam Arena, 52mila spettatori. Ammoniti: Di Livio, Tacchinardi e Jugovic

Guardala su Youtube!

RENNES – JUVENTUS 2-2

Rennes, 24/08/1999 – Coppa Intertoto

La Coppa Intertoto è un torneo UEFA che si è svolto dal 1995 al 2008 ed era riservato alle squadre che, nei rispettivi campionati, si erano piazzate nelle posizioni immediatamente successive a quelle che garantivano la partecipazione alla Coppa UEFA. Potremmo assimilarla all'attuale Conference Cup. Le vincitrici (tre fino al 2005, poi una sola) acquisivano il diritto a partecipare alla Coppa UEFA partendo dal primo turno.

La Juve partecipa all'edizione del 1999 in virtù del deludente settimo posto raggiunto in serie A nella stagione precedente. Dopo aver superato nei primi due turni i romeni del Ceahlăul ed i russi del Rostov, i ragazzi di Carlo Ancelotti conquistano la Coppa - insieme a West Ham e Montpellier – dopo aver superato in finale i francesi del Rennes. L'andata a Torino si conclude 2-0 per i bianconeri grazie ad una doppietta di Inzaghi.

Al ritorno la Juve gestisce il vantaggio acquisito, segna due gol con Conte e Zambrotta e viene raggiunta solo nel recupero dal gol (ininfluente) di Nonda. Con questa vittoria la Juventus diventa la prima squadra al mondo ad aver vinto tutte le sei competizioni confederali all'epoca esistenti (Coppa dei Campioni, Coppa delle Coppe, Coppa UEFA, Coppa Intertoto, Supercoppa UEFA, Coppa Intercontinentale).

RENNES: Malicki, Bassila, Dogon, Sommeril, Gregoire, Bignè (77' Le Bris), Le Roux, Gava, Diouf (77' Yapi), Nonda, Bardon (60' N'Diaye) – In panchina: Debec, Brinquin, Fernandes, Bailly – All.: Le Guen

JUVENTUS: Van der Sar, Iuliano, Ferrara, Montero, Conte, Oliseh, Tacchinardi, Zambrotta, Zidane (69' Pessotto), Inzaghi (77' Kovacevic), Del Piero (85' Esnaider) – In panchina: Rampulla, Mirkovic, Birindelli, Bachini – All.: C. Ancelotti

ARBITRO: Melo Pereira (Portogallo)

RETI: 20' Diouf, 29' Conte, 73' Zambrotta, 93' Nonda

NOTE: Stade de la Route de Lorient, spettatori 15.500 – Ammoniti: Oliseh, Gregoire, Gava

Guardala su Youtube!

2000-2009

Juventus 2000/01

JUVENTUS – ROMA 2-1

Torino, 27/02/2000 – Serie A

La Juve è reduce da una stagione deludente che ha portato all'addio di alcuni senatori della squadra, come Peruzzi, Deschamps e Di Livio, ed al cambio in panchina dove ora siede Carlo Ancelotti al posto di Marcello Lippi, trasferitosi all'Inter. Siamo alla sesta giornata di ritorno ed i bianconeri, primi in classifica, ospitano la Roma di Fabio Capello. La partita è molto combattuta ma è la Juve a portarsi in vantaggio alla mezz'ora con un gran sinistro al volo da fuori area di Edgar Davids. I giallorossi non ci stanno e pochi minuti dopo giungono al pareggio con una prodezza acrobatica di Del Vecchio su assist di Montella.

Al 40' l'episodio che potrebbe cambiare le sorti del match: Montero viene espulso da Braschi per un fallo di mano da ultimo uomo. La Juve, disorientata, soffre me resiste agli attacchi romanisti. In avvio di ripresa il subentrato Birindelli conquista la linea di fondo e crossa dalla destra un pallone che Inzaghi deve solo spingere in rete. Il risultato non cambierà più, nonostante l'arrembaggio giallorosso.

L'epilogo stagionale sarà amaro per noi tifosi juventini. Sotto la pioggia torrenziale di Perugia, l'arbitro Collina sospende la partita per 71 minuti prima di far rientrare in campo le squadre. L'atmosfera è surreale, la Juve perde la concentrazione e la partita (1-0, gol di Calori). Lo scudetto va alla Lazio di Eriksson che conquista il secondo titolo della sua storia.

JUVENTUS: Van der Sar, Ferrara C., Montero, Iuliano, Conte A. (46' Birindelli), Tacchinardi, Davids, Pessotto, Zidane (87' Mirkovic), Inzaghi (64' Kovacevic), Del Piero – In panchina: Rampulla, Oliseh, Bachini, Esnaider - All.: C. Ancelotti

ROMA: Antonioli, Zago, Aldair, Mangone, Cafu, Tommasi, Nakata (67' Poggi), Di Francesco, Totti, Montella, Delvecchio – In panchina: Lupatelli, Rinaldi, Gurenko, Blasi, Tomic, Junior - All.: F. Capello

ARBITRO: Braschi

RETI: 30' Davids, 37' Delvecchio, 46' Inzaghi

NOTE: Stadio delle Alpi – Espulso Montero al 40' – Ammoniti: Iuliano, Tacchinardi, Nakata, Totti

Guardala su Youtube!

JUVENTUS – MILAN 3-0

Torino, 25/02/2001 – Serie A

La Juve di Carlo Ancelotti, alla sua seconda stagione sulla panchina bianconera, insegue la capolista Roma e alla ventesima giornata ospita il Milan. La partita si mette subito sui binari giusti: dopo soli nove minuti Del Piero mette in mezzo di prima un pallone invitante sul quale si avventa Igor Tudor che – con uno stacco imperioso – colpisce di testa e supera Abbiati. La superiorità juventina appare netta ma non si concretizza nuovamente fino a metà della ripresa, quando Inzaghi mette al sicuro il risultato con uno dei suoi gol di rapina.

Nel finale sarà Zinedine Zidane, dopo un triangolo col subentrato Kovacevic, a fissare il risultato sul 3-0 con un delizioso pallonetto che scavalca il portiere rossonero in uscita. La rincorsa della Juve continua ma si concluderà a due punti di distacco dalla Roma di Fabio Capello. Ancelotti fallisce l'obiettivo scudetto per il secondo anno consecutivo e verrà sostituito in estate da Marcello Lippi, di ritorno in bianconero dopo la sfortunata parentesi interista.

JUVENTUS: Van Der Sar, Montero, Ferrara, Tudor, Pessotto, Tacchinardi, Davids, Birindelli, (79' Zambrotta), Zidane, (91' Brighi), Inzaghi, (86' Kovacevic), Del Piero - In panchina: Carini, Conte, Fonseca, Brighi, Athirson – All.: C. Ancelotti

MILAN: Abbiati, Roque Junior, Sala, Maldini, Helveg, (67' Guglielminpietro), Kaladze, (69' Gattuso), Albertini, Giunti, (62' Boban), Coco, Leonardo,

Shevchenko - In panchina: S.Rossi, Josè Mari, Chamot, Bierhoff – All.: A. Zaccheroni

ARBITRO: Braschi

RETI: 9' Tudor, 67' Inzaghi, 90' Zidane

NOTE: Stadio Delle Alpi, spettatori 30.000 circa - Ammoniti: Davids, Giunti, Tacchinardi, Ferrara e Gattuso

Guardala su Youtube!

UDINESE – JUVENTUS 0-2

Udine, 05/05/2002 – Serie A

Ultima giornata di campionato. La classifica recita Inter 69 punti, Juventus 68, Roma 67. La Juve a Udine chiude la pratica in dieci minuti con i gol di Trezeguet (capocannoniere quell'anno) e Del Piero. In coppia firmeranno ben 40 reti in quel campionato. Da lì in poi tutti con l'orecchio alle radioline per sapere cosa succede sugli altri campi. La capolista gioca allo Stadio Olimpico contro la Lazio, con la tifoseria di casa che invita apertamente i propri beniamini a "scansarsi", in nome di uno storico gemellaggio con i nerazzurri.

Succede però l'imprevedibile. La Lazio vince 4-2 tra le lacrime degli interisti, disperati per il sogno svanito sul più bello. A Udine scoppia la festa per il 26° scudetto bianconero – il quarto con Marcello Lippi in panchina - probabilmente il più bello di sempre. La Roma vincendo a Torino guadagna il secondo posto davanti all'Inter, beffata sul traguardo. Da allora il "5 Maggio" - per i tifosi bianconeri - sarà legato a ricordi più dolci di quelli evocati dall'ode manzoniana imparata a scuola.

UDINESE: De Sanctis; Kroldrup, Zamboni, Manfredini. Pieri (21' st Scarlato); Pinzi, Marcos Paulo, Helguera (28' st Almirobn), Muzzi (28' st Jorgensen), Sosa Di Michele. In panchina: Turci, Alberto, Caballero, Iaquinta - All.: G. Ventura.

JUVENTUS: Buffon; Thuram, Ferrara, Iuliano (37' st Birindelli), Montero; Conte, Tudor (22' st Zambrotta), Davids (35' st Paramatti); Nedved; Trezeguet, Del Piero. In panchina: Carini, Tacchinardi, Zalayeta, Amoruso – All.: M. Lippi.

ARBITRO: Rodomonti

RETI: 2' Trezeguet, 11' Del Piero

NOTE: Stadio Friuli, spettatori 35.000 circa

Guardala su Youtube!

JUVENTUS – PARMA 2-1

Tripoli, 25/08/2002 – Supercoppa Italiana

La quindicesima edizione della Supercoppa Italiana – che vede affrontarsi la Juve campione d'Italia ed il Parma, vincitore della Coppa Italia – si svolge a Tripoli, in Libia. Non è la prima volta che il trofeo viene assegnato all'estero, era già successo nel 1993 quando Milan e Torino giocarono a Washington. La scelta della Libia è dovuta a motivi prettamente economici e di relazioni: in quegli anni Tamoil (società libica) è lo sponsor principale della Juve, Saadi Gheddafi – figlio del colonnello Gheddafi, al comando del paese dal 1977 – è tifoso ed azionista bianconero.

Nonostante gli sforzi degli organizzatori, il campo si presenta in pessime condizioni, con molte zone sabbiose frettolosamente "colorate" di verde per esigenze televisive.

A dispetto del terreno, la partita è piacevole e la Juve si impone con una doppietta del solito Alessandro Del Piero. Il gol del Parma è opera di Marco Di Vaio che pochi giorni dopo si trasferirà proprio alla Juventus, dove nel corso di due stagioni giocherà 55 partite segnando 18 reti.

JUVENTUS: Buffon, Thuram, Iuliano, Montero, Moretti (69' Birindelli), Camoranesi (46' Brighi), Tacchinardi, Baiocco, Nedved, Salas (72' Zalayeta), Del Piero – In panchina: Chimenti, Ferrara, Fresi, Zenoni - All.: M. Lippi

PARMA: Frey, Diana, Bonera, Ferrari, Falsini, Lamouchi, Donati (62' Barone), Nakata, Marchionni, Adriano (46' Bonazzoli), Di Vaio – In panchina: Taffarel, P. Cannavaro, Junior, Siviglia, Matuzalem - All.: C. Prandelli

ARBITRO: Farina

RETI: 39' Del Piero, 64' Di Vaio, 73' Del Piero

NOTE: Stadio 11 Giugno, 40.000 spettatori – Ammoniti: Diana, Bonera, Iuliano, Camoranesi

Guardala su Youtube!

TORINO – JUVENTUS 0-4

Torino, 17/11/2002 – Serie A

Decima giornata di campionato, la Juve campione d'Italia affronta il Torino nel derby da seconda in classifica, alle spalle dell'Inter e con due punti di vantaggio sul Milan. I granata di Ulivieri navigano in cattive acque e non oppongono quasi nessuna resistenza alla goleada bianconera. Si inizia al sesto minuto con una prodezza di Del Piero che devia in rete di tacco una punizione tesa di Nedved. Sempre il ceco al 32' innesca Di Vaio lanciato a rete, tiro secco e gol.

Ad inizio ripresa Nedved si mette in proprio, entra in area palla al piede e segna con un potente sinistro all'incrocio. Nel finale è l'olandese Edgar Davids ad arrotondare il bottino. A fine stagione il Torino concluderà il campionato all'ultimo posto, retrocedendo in serie B, con un distacco di ben 51 punti dalla Juventus!

TORINO: Bucci, Garzya, Fattori, Mezzano, De Ascentis (41' st Balzaretti), Vergassola, Conticchio, Castellini, Magallanes (15' st Maspero), Lucarelli (15' st Osmanovski), Ferrante - In panchina: Sorrentino, Galante, Comotto, Scarchilli. Allenatore: R. Ulivieri.

JUVENTUS: Buffon, Thuram (46' st Pessotto), Ferrara, Montero, Birindelli, Camoranesi, Tacchinardi, Davids, Nedved (44' st Baiocco), Del Piero, Di Vaio (31' st Zalayeta) - In panchina: Chimenti, Zenoni, Fresi, Pessotto, Salas – All.: M. Lippi

ARBITRO: De Santis

RETI: 6' pt Del Piero, 32' pt Di Vaio, 6' st Nedved, 44' st Davids

NOTE: Stadio delle Alpi, spettatori 40 mila circa - Ammoniti: Fattori, Lucarelli, Tacchinardi e Maspero

Guardala su Youtube!

JUVENTUS – INTER 3-0

Torino, 2/03/2003 – Serie A

Il derby d'Italia arriva ad inizio marzo, dopo un turno infrasettimanale di Coppa in cui la Juve subisce una pesante sconfitta casalinga (0-3) con il Manchester United. Bianconeri e nerazzurri viaggiano appaiati in vetta alla classifica, replicando il duello della stagione precedente. La voglia di riscatto juventina è sostenuta dalla buona sorte al quarto minuto, quando un pallone calciato da Nedved e respinto da Toldo colpisce Guly che lo devia in rete. Il dominio bianconero è comunque netto e si concretizza nuovamente poco dopo la mezz'ora: uno straordinario Pavel Nedved, picchiato fino a quel momento dagli avversari, calcia un gran rasoterra di sinistro da fuori area che supera Toldo.

La differenza di velocità ed organizzazione tra le due squadre è netta. L'Inter di Cuper non riesce ad invertire il corso del match e nel finale subisce il terzo gol. Camoranesi spara sotto la traversa un pallone che servitogli dopo l'ennesima volata sulla fascia di Nedved. Grazie a questo successo la Juve conquista il primo posto solitario in classifica che conserverà fino alla fine. E' il ventisettesimo scudetto della nostra storia.

JUVENTUS: Buffon, Thuram, Ferrara (46' Iuliano), Montero, Zambrotta, Tacchinardi, Davids, Camoranesi (86' Tudor), Nedved, Di Vaio (79' Pessotto), Trezeguet - In panchina: Chimenti, Conte, Zalayeta, Salas – All.: M. Lippi.

INTER: Toldo, J. Zanetti, Cannavaro, Materazzi, Cordoba, Guly (46' Okan), Emre, C. Zanetti, Recoba, Vieri, Batistuta - In panchina: Fontana, Gamarra, Pasquale, Coco, Di Biagio, Conceicao – All.: H. Cuper

ARBITRO: Paparesta

RETI: 4' Guly (aut.), 34' Nedved, 83' Camoranesi

NOTE: Stadio delle Alpi - Ammoniti: Cannavaro, C. Zanetti, Camoranesi

Guardala su Youtube!

JUVENTUS – DEPORTIVO LA CORUNA 3-2

Torino, 12/03/2003 – Champions League

Quinta giornata del girone di Champions che di fatto si trasforma in uno spareggio per l'accesso ai quarti di finale: chi perde è fuori e la Juve – nei cinque precedenti – non è mai riuscita a battere gli spagnoli. Dopo un avvio favorevole agli ospiti, la partita sembra mettersi sui binari giusti quando Ciro Ferrara segna di testa su un corner battuto da Camoranesi. Il Deportivo riprende però il controllo del gioco e a cavallo dell'intervallo si porta in vantaggio, prima con un tap in di Tristan su cross rasoterra di Makaay, poi con un gran sinistro dello stesso Makaay sul quale Buffon non può nulla.

A questo punto la Juve è virtualmente eliminata e deve quindi giocarsi il tutto per tutto. I tifosi possono tirare un sospiro di sollievo solo al 64' quando Trezeuguet pareggia, raccogliendo un tiro deviato di Davids. Entrambe le squadre hanno paura di perdere ma una vittoria significherebbe qualificazione quasi certa. In pieno recupero ci pensa Igor Tudor, il gigante croato la cui carriera è stata purtroppo compromessa da troppi infortuni, a calciare al volo di sinistro dal limite dell'area un missile che si insacca alle spalle di Juanmi, facendo esplodere la gioia di tutti gli juventini, allo stadio e davanti alla TV.

JUVENTUS: Buffon, Thuram, Ferrara, Montero, Zambrotta, Tacchinardi (75' Tudor), Davids, Camoranesi (46' Pessotto), Nedved, Di Vaio (46' Zalayeta); Trezeguet - In panchina: Chimenti, Iuliano, Birindelli, Salas – All.: M. Lippi

DEPORTIVO LA CORUNA: Juanmi, Hector, Cesar (71' Andrade), Naybet, Romero, Scaloni, Duscher, Mauro Silva, Fran (46' Capdevila), Tristan (66' Valeron), Makaay - In panchina: Molina, Sergio, Victor, Luque - All.: Irureta

ARBITRO: Frisk (Svezia)

RETI: 13' Ferrara, 34' Tristan, 52' Makaay, 64' Trezeguet, 92' Tudor.

NOTE: Stadio delle Alpi, spettatori 35.000 circa - Ammoniti: Tacchinardi, Montero, Davids

Guardala su Youtube!

BARCELLONA-JUVENTUS 1-2 (d.t.s.)

Barcellona, 22/04/2003 – Champions League

Gara di ritorno dei quarti di finale di Champions League. All'andata la Juve non è riuscita ad andare oltre ad un pareggio per 1-1 (reti di Montero in apertura e di Saviola nel finale). Per passare il turno è quindi necessario vincere (o pareggiare segnando almeno due gol) al Camp Nou, contro un Barcellona in gran forma e che non perde in casa da oltre un anno. In apertura di ripresa Pavel Nedved, autentico mattatore di questa edizione della competizione, si invola sulla sinistra in mezzo a tante maglie blaugrana, entra in area e calcia il pallone in rete. Il vantaggio bianconero non dura però nemmeno un quarto d'ora: i catalani, spinti dal loro pubblico, premono e trovano il gol del pareggio con Xavi che batte Buffon dal limite dell'area.

A circa dieci minuti dalla fine accade un episodio che potrebbe segnare definitivamente la gara: Davids commette un fallo ingenuo, benchè non grave, a centrocampo e l'arbitro Poll gli mostra il secondo cartellino giallo che vuol dire espulsione. In inferiorità numerica, la Juve stringe i denti e tiene botta fino a metà del secondo tempo supplementare, quando Alessandro Birindelli fa partire un cross perfetto dalla trequarti destra che l'uruguayano Zalayeta, anche lui subentrato, appoggia con tocco felpato in rete gelando i centomila del Camp Nou. La Juve torna a vincere in Spagna dopo ben 33 anni e conquista la semifinale dove incontrerà l'altra storica big spagnola.

BARCELLONA: Bonano, Puyol, Andersson (15' st Mendieta), F.De Boer, Reiziger (1' pts Gerard), Xavi, Motta, Luis Enrique, Saviola, Overmars (40' st Riquelme), Kluivert - In panchina: Valdes, Christanval, Rochemback, Oleguer – All.: R. Antic

JUVENTUS: Buffon, Thuram, Ferrara, Montero, Zambrotta, Camoranesi (1' st Birindelli), Tacchinardi, Davids, Nedved, Di Vaio (1' st Zalayeta), Del Piero (38' st Tudor) - In panchina: Chimenti, Pessotto, Conte, Iuliano – All.: M. Lippi.

ARBITRO: Poll (Inghilterra)

RETI: 53' Nedved, 66' Xavi, 113' Zalayeta

NOTE: Stadio Camp Nou, spettatori 100mila circa - Espulso al 34' st Davids (doppia ammonizione), ammoniti: Zambrotta, Montero, L.Enrique, Tacchinardi, Gerard, Motta e Buffon

Guardala su Youtube!

JUVENTUS-REAL MADRID 3-1

Torino, 14/05/2003 – Champions League

Partita di ritorno della semifinale CL 2002/03. All'andata, al Santiago Bernabeu, la Juve di Lippi era uscita sconfitta per 2-1 (reti di Ronaldo, pareggio di Trezeguet, gol vittoria di Roberto Carlos) pur avendo disputato una buona partita. Il discorso qualificazione è quindi ancora aperto, ma il Real è quello dei cosiddetti 'Galacticos' e fa paura, perlomeno a noi tifosi. Evidentemente non a Lippi e ai suoi ragazzi che impostano una gara coraggiosa, aggredendo da subito gli avversari.

Nel primo tempo la coppia Trezeguet & Del Piero firma il 2-0 che tramortisce i madrileni. La Juve sta giocando la partita perfetta, non lasciando scampo agli avversari e guadagnandosi il biglietto per la finale (sfortunata) di Manchester. Al 67' – sul 2-0 - Buffon para un rigore a Figo rendendo così inutile il gol dell'ex di Zinedine Zidane all'89'. Memorabile il gol del 3-0 di Pavel Nedved, lanciato in un irresistibile contropiede da Zambrotta. Purtroppo la furia ceca si becca un cartellino giallo nel finale che gli preclude la possibilità di essere in campo nella finale col Milan. Ma la sua stagione straordinaria verrà comunque premiata con l'assegnazione del Pallone d'Oro.

JUVENTUS: Buffon; Thuram, Tudor, Montero, Birindelli (15' st Pessotto); Zambrotta, Tacchinardi, Davids (45' st Conte); Nedved; Trezeguet (31' st Camoranesi), Del Piero. In panchina: Chimenti, Fresi, Di Vaio, Zalayeta. - Allenatore: Lippi.

REAL MADRID: Casillas; Salgado, Hierro, Helguera, Roberto Carlos; Flavio Conceicao (7' st Ronaldo), Guti, Cambiasso (31' st McManaman); Figo, Zidane; Raul. In panchina: Cesar, Morientes, Portillo, Solari, Pavon. - Allenatore: Del Bosque.

ARBITRO: Meier (Svizzera).

RETI: 12' pt Trezeguet, 42' pt Del Piero, 27' st Nedved e 43' st Zidane.

NOTE: Stadio delle Alpi, 67.000 spettatori, per un incasso di 2.2 milioni di euro - Ammoniti: F.Conceicao, Montero, Salgado, Tacchinardi, Hierro, Nedved e Figo

Guardala su Youtube!

JUVENTUS – MILAN 1-1 (6-4 d.c.r.)

New York, 03/08/2003 – Supercoppa Italiana

Sedicesima edizione della Supercoppa Italiana, si fronteggiano la Juve vincitrice della Serie A ed il Milan, detentore della Coppa Italia. Questa volta si vola negli Stati Uniti: la sede scelta dalla Lega è lo Giants Stadium di East Rutherford, nell'area metropolitana di New York. La partita si svolga poco più di due mesi dopo la finale di Champions League di Manchester, dove la Juve – pur favorita – ha perso ai rigori proprio coi rossoneri. Vista la diversa importanza delle due competizioni, parlare di rivincita è sicuramente improprio ma la rivalità tra le due società è molto viva in quegli anni. La partita si trascina senza grandi occasioni, complici il caldo afoso ed il terreno di gioco in cattive condizioni.

Si arriva così al primo tempo supplementare e – per la prima volta – vige la regola del 'silver goal': se una squadra vince il primo tempo, i successivi 15 minuti non si sarebbero giocati. Quando Collina assegna un generoso rigore ai rossoneri a tempo scaduto e Pirlo lo trasforma, la partita sembra finita. Ma un minuto dopo Trezeguet pareggia, appoggiando il pallone in rete da due metri dopo che Abbiati è riuscito a respingere un colpo di testa ravvicinato di Legrottaglie su cross di Nedved. Dopo il secondo tempo supplementare senza reti, si va ai rigori dove è decisiva la parata di Buffon su Brocchi. La Juventus si aggiudica la sua terza Supercoppa Italiana.

JUVENTUS: Buffon, Birindelli, Legrottaglie, Iuliano (1' sts Ferrara), Zambrotta, Appiah, Tacchinardi, Miccoli (7' st Camoranesi), Nedved, Del Piero (23' st Di Vaio), Trezeguet - In panchina: Chimenti, Pessotto, Conte, Davids – All.: M. Lippi

MILAN: Abbiati, Cafu, Nesta, Maldini, Kaladze, Gattuso (44' pt Ambrosini), Pirlo, Rui Costa (36' st Brocchi), Seedorf (31' st Serginho), Inzaghi, Shevchenko - In panchina: Dida, Simic, Borriello, Roque Junior - All.: C. Ancelotti. ARBITRO: Collina

RETI: 107' Pirlo, 108' Trezeguet

RIGORI: Di Vaio (gol); Pirlo (gol); Trezeguet (gol); Serginho (gol); Birindelli (gol); Brocchi (parato); Camoranesi (gol); Nesta (gol); Ferrara (gol).

NOTE: Giants Stadium, spettatori 60.000 circa - Ammoniti: Maldini, Zambrotta

Guardala su Youtube!

BAYERN MONACO – JUVENTUS 0-1

Monaco di Baviera, 3/11/2004 – Champions League

Quarta giornata del girone eliminatorio di Champions League. La Juventus di Fabio Capello, dopo tre vittorie consecutive per 1-0, è ospite del Bayern di Felix Magath. Si tratta di un nome che evoca tristi ricordi nei tifosi juventini: nel 1982, nella finale di Atene contro l'Amburgo, spense dopo pochi minuti i sogni di una delle Juventus più forti di sempre di conquistare la sua prima Coppa dei Campioni. I bianconeri confermano anche in questa occasione la loro solidità difensiva con Buffon e Cannavaro protagonisti di ottime prestazioni individuali.

La partita è decisa nel finale dal capitano, Alessandro Del Piero, che ribadisce in rete una corta respinta di Kahn su tiro di Zlatan Ibrahimovic. Conquistata la qualificazione, la Juve non si ferma e vince anche le ultime due partite del girone per 1-0: 6 partite, 12 punti, 6 gol segnati e 0 subiti!

BAYERN M.: Kahn, Sagnol (46' Gorlitz, 63' Scholl), Lucio, Kovac, Salihamidzic (91' Guerrero), Frings, Hargreaves, Schweinsteiger, Ballack, Makaay, Pizarro – In panchina: Rensing, Demichelis, Linke, Hashemian – All.: F. Magath

JUVENTUS: Buffon, Pessotto, Thuram, Cannavaro, Zambrotta, Camoranesi, Emerson, Blasi, Nedved, Del Piero, Ibrahimovic – In panchina: Bonnefoi, Birindelli, Montero, Tudor, Kapo, Tacchinardi, Zalayeta – All.: F. Capello

ARBITRO: Poll (Inghilterra)

RETI: 90' Del Piero

NOTE: Olympiastadion, spettatori 59.000 – Ammoniti: Cannavaro, Camoranesi

Guardala su Youtube!

JUVENTUS-REAL MADRID 2-0

Torino, 09/03/2005 – Champions League

Dopo aver superato agevolmente il primo turno vincendo il proprio girone con 16 punti davanti a Bayern Monaco, Ajax e Maccabi Tel Aviv, la Juve di Fabio Capello agli ottavi pesca il Real Madrid dei Galacticos. Nella gara di andata al Bernabeu gli spagnoli si sono imposti per 1-0 con un gol di testa di Samuel.

Al ritorno la partita è tirata e la sblocca – ad un quarto d'ora dalla fine - David Trezeguet con una rovesciata al limite dell'area piccola su assist di testa di Ibrahimovic. Ristabilita la parità, si va ai supplementari e - quando mancano cinque minuti ai calci di rigore – Marcelo Zayaleta supera Casillas con un potente rasoterra che si infila nell'angolino basso della rete madridista. La Juve elimina nuovamente il Real a Torino, come già accaduto nel 2003, e vola ai quarti finale dove i sogni di gloria verranno infranti dal Liverpool (2-1 in Inghilterra, 0-0 nel deludente ritorno a Torino).

JUVENTUS: Buffon, Zebina, Thuram, Cannavaro, Pessotto (21' st Tacchinardi), Camoranesi, Emerson, Zambrotta; Zalayeta (15' sts Olivera), Ibrahimovic, Del Piero (11' st Trezeguet) - In panchina: Chimenti, Montero, Birindelli, Appiah - All.: F. Capello

REAL MADRID: Casillas, Raul Bravo, Helguera, Samuel, Roberto Carlos, Beckham (32' st Solari), Gravesen, Zidane (29' st Guti), Figo, Ronaldo, Raul (pts 5' Owen) - In panchina: Cesar, Arbeloa, Pavon, Portillo – All.: Luxemburgo.

ARBITRO: Merk (Germania)

RETI: 75' Trezeguet, 115' Zalayeta.

NOTE: Stadio delle Alpi, spettatori 59.000 - Espulsi Ronaldo e Tacchinardi al 107', ammoniti: Solari, Emerson, Zambrotta

Guardala su Youtube!

MILAN – JUVENTUS 0-1

Milano, 08/05/2005 – Serie A

Partita simbolo dello scudetto 2004/05. Trentacinquesima giornata, Juve e Milan sono appaiate in vetta alla classifica quando mancano solo tre partite alla fine. I giorni che precedono l'incontro sono segnati dalle polemiche per la squalifica di Ibrahimovic con prova TV su immagini letteralmente "scovate" da Mediaset, la TV legata alla proprietà milanista. Fabio Capello, alla sua prima stagione sulla panchina bianconera, non si scoraggia e sostituisce il giovane talento svedese con Alessandro Del Piero che torna a far coppia con David Trezeguet.

Saranno proprio i due attaccanti a confezionare il gol della vittoria: cross ribattuto di Del Piero che trova il modo di coordinarsi e riscodellare il pallone verso l'area piccola avversaria con una spettacolare rovesciata; Trezeguet si avventa sul pallone di testa anticipando sia i difensori rossoneri che Dida. Il Milan non riuscirà, nonostante gli sforzi profusi, a trovare la via del pareggio. La Juve finirà il campionato con ben sette punti di vantaggio sui rossoneri aggiudicandosi così il suo 28° scudetto.

MILAN: Dida, Cafu, Nesta, Stam, Maldini, Gattuso, Pirlo (46' Serginho), Seedorf (66' Rui Costa), Kakà, Shevchenko, Tomasson (55' Inzaghi) – In panchina: Abbiati, Costacurta, Ambrosini, Crespo) - All.: C. Ancelotti.

JUVENTUS: Buffon, Pessotto, Thuram, Cannavaro, Zambrotta, Camoranesi (60' Birindelli), Emerson, Appiah (80' Blasi), Nedved, Del Piero, Trezeguet (76' Zalayeta) – In panchina: Chimenti, Montero, Kapo, Olivera - All.: F. Capello.

ARBITRO: Collina

RETI: 28' Trezeguet

NOTE: Stadio Giuseppe Meazza, spettatori 79.232. Ammoniti: Zambrotta, Nesta, Emerson e Blasi

Guardala su Youtube!

INTER – JUVENTUS 1-2

Milano, 12/02/2006 – Serie A

Partita simbolo dello scudetto vinto nel 2006 letteralmente dominando il campionato. Quella di Fabio Capello è stata una delle Juve più forti e solide di sempre. Pochi mesi dopo questa partita ben otto giocatori juventini disputeranno la finale dei Mondiali a Berlino tra Italia e Francia; a questi vanno aggiunti campioni come il brasiliano Emerson, l'ex pallone d'oro Nedved ed il giovane talento svedese Ibrahimovic ... decisamente uno squadrone. Solo la follia di Calciopoli, abilmente orchestrata, ha potuto fermare un dominio che sembrava destinato a durare per molti anni ancora.

A San Siro si arriva ovviamente con il solito coro di polemiche arbitrali e lamentele preventive che precede ogni confronto con i nerazzurri. Dopo un primo tempo ricco di occasioni ma senza gol, nella ripresa ci pensa Ibra a sbloccare il risultato su assist di Camoranesi. L'Inter pareggia al 74' con un colpo di testa di Samuel che beffa Buffon. E' ovviamente Alessandro Del Piero – subentrato a Ibra – a segnare il gol vittoria (e scudetto, visto che i punti di vantaggio diventano dodici) con una punizione magistrale che fa esplodere i tanti tifosi bianconeri presenti sugli spalti. La sua esultanza, con la linguaccia, è iconica. A fine stagione la Juve conquisterà il suo 29° scudetto ma sarà l'Inter - arrivata terza, con ben quindici punti di distacco – a festeggiarne l'assegnazione a tavolino.

INTER: Julio Cesar; J.Zanetti, Cordoba, Samuel, Burdisso; Figo, Veron (35' pt Kily Gonzalez), Cambiasso, Stankovic; Adriano (38' st Recoba), Martins (27' st Cruz) - In panchina: Toldo, Pizarro, Materazzi, Wome - All.: Mancini

JUVENTUS: Buffon; Balzaretti, Thuram, Cannavaro, Chiellini (44' st Blasi); Camoranesi (31' st Mutu), Emerson, Vieira, Nedved; Ibrahimovic (24' st Del Piero), Trezeguet - In panchina: Abbiati, Kovac, Pessotto, Zalayeta – All.: F. Capello

ARBITRO: Paparesta

RETI: 18' st Ibrahimovic, 29' st Samuel, 40' st Del Piero.

NOTE: Stadio Giuseppe Meazza, spettatori 78.600 per un incasso di 1.76 milioni di euro - Ammoniti: Ibrahimovic, Chiellini, Samuel, Buffon, Cambiasso

Guardala su Youtube!

JUVENTUS – NAPOLI 2-0

Torino, 10/04/2007 – Serie B

Nel 2006 un terremoto travolge la Juventus. Dopo che per anni buona parte dell'informazione sportiva ha alimentato il 'sentimento popolare' contro i bianconeri, una inchiesta superficiale e 'selettiva' condanna i bianconeri alla retrocessione e li priva (almeno formalmente) degli ultimi due scudetti vinti sul campo. Il tutto senza alcuna prova di partite o risultati 'truccati', come riconosciuto dalle sentenze della giustizia ordinaria. Altre squadre, ugualmente coinvolte nelle chiamate ai designatori, vengono misteriosamente escluse dall'indagine federale salvo poi ricomparire quando la prescrizione è ormai intervenuta a salvarle.

La Juve nel momento in cui scoppia il caso è la terza squadra europea per fatturato e si sta avviando a dominare il calcio italiano per un lungo periodo. Chi monta la farsa pensa di essersene liberato per sempre ma ha fatto male i suoi conti. La società deve vendere molti pezzi pregiati ma alcuni restano anche in serie B: i neo campioni del mondo Buffon, Camoranesi e Del Piero cui si aggiungono Nedved e Trezeguet. L'allenatore prescelto per cercare di risalire subito nella massima serie è l'ex Didier Deschamps.

Dopo un avvio difficile, la stagione è ovviamente trionfale ed il campionato si conclude con un primo posto davanti al Napoli. In questo match casalingo la Juve sancisce la sua superiorità sui rivali con due gol proprio di Camoranesi e Del Piero, sostenuti da una grande prestazione di Pavel Nedved.

JUVENTUS: Buffon, Zebina, Boumsong (78' Legrottaglie), Chiellini, Balzaretti, Camoranesi, Giannichedda, Marchisio C., Nedved, Trezeguet (63' Paro), Del Piero (88' Palladino) – In panchina: Mirante, Marchionni, Bojinov, Zalayeta – All.: D. Deschamps

NAPOLI: Iezzo, Cannavaro P., Maldonado, Domizzi, Grava (46' Montervino), Dalla Bona, Gatti (67' Trotta), Bogliacino, Savini, Calaiò (56' Pià), Sosa – In panchina: Gianello, Giubilato, Amodio, Bucchi – All.: E. Reja

ARBITRO: Ayroldi

RETI: 18' Camoranesi, 49' Del Piero

NOTE: Stadio Olimpico – Espulso al 62' Marchisio, ammoniti: Camoranesi, Giannichedda, Del Piero, Domizzi, Grava, Sosa

Guardala su Youtube!

AREZZO – JUVENTUS 1-5

Arezzo, 19/05/2007 – Serie B

Ad Arezzo, contro la squadra dell'ex capitano e futuro allenatore bianconero Antonio Conte, finisce l'incubo della serie B. Con un largo 5-1, la Juventus di Didier Deschamps guadagna la certezza matematica del ritorno in serie A con tre giornate di anticipo, nonostante la penalizzazione in classifica di 9 punti. La partita non ha storia, è un lungo monologo juventino spezzato solo da una rete in contropiede di Floro Flores.

I gol bianconeri sono segnati da Alessandro Del Piero (doppietta, a fine campionato sarà capocannoniere del campionato con 20 reti), Giorgio Chiellini (doppietta anche per lui) e David Trezeguet. Il finale di stagione sarà segnato dall'addio anticipato di Deschamps, che conclude prima del previsto il rapporto con la Juve per divergenze con i vertici societari riguardo al futuro della squadra. In panchina per le ultime due giornate siederà Giancarlo Corradini, vice del francese e prima ancora di Fabio Capello.

AREZZO: Bremec, Capelli, Terra, Ranocchia (1'st Conte), Barbagli (7'st Togni), Bondi, Bricca, Di Donato, Croce, Floro Flores, Martinetti (37'st Grabbi) - In panchina: Lanza, Cavagna, Roselli, Vigna – All.: A. Conte.

JUVENTUS: Buffon, Zebina (25'st Birindelli), Boumsong (31'st Kovac), Chiellini, Balzaretti, Marchionni (37'st Palladino), Marchisio, Zanetti, Nedved, Del Piero, Trezeguet - In panchina: Mirante, Bettega, Giovinco, Zalayeta – All.: D. Deschamps.

ARBITRO: Rizzoli

RETI: pt 19' Del Piero, 34' Chiellini, 45' Floro Flores; st 4' Chiellini, 31' Del Piero, 42' Trezeguet.

NOTE: Stadio Città di Arezzo, spettatori 9.700 per un incasso di 338 mila euro – Ammoniti: Ranocchia, Zebina, Boumsong

Guardala su Youtube!

INTER – JUVENTUS 1-2

Milano, 22/03/2008 – Serie A

Sono trascorsi due anni da quel 2-1 a San Siro con il gol su punizione e successiva linguaccia di Alex Del Piero, ma sembra passata una vita. La Juve è stata mandata in serie B a furor di popolo, le telefonate interiste nascoste fino all'arrivo della prescrizione: solo nel 2011 il procuratore federale Palazzi nella sua relazione ufficiale parlerà di 'illeciti sportivi' dell'Inter. Ibra e Vieira si sono accasati a Milano a prezzo di saldo ed i nerazzurri possono finalmente vincere sul campo un campionato di serie A.

Ma l'orgoglio ferito juventino si manifesta in modo prepotente in questa partita: la Juve affronta la capolista a viso aperto, creando occasioni da gol con i campioni che le sono rimasti. Camoranesi e Trezeguet segnano le prime due reti, Del Piero spara su Julio Cesar la palla del possibile 3-0, Maniche accorcia le distanze al 38' st e colpisce un palo nel recupero. Il risultato finale è lo stesso di due anni prima, 2-1 per la Juve a San Siro. *"La Juve non muore mai"*.

INTER: Julio Cesar, Maicon, Burdisso, Materazzi, Maxwell, Zanetti, Stankovic, Chivu (37' st Balotelli), Jimenez (8' st Suazo), Ibrahimovic, Cruz (19' st Maniche) - In panchina: Toldo, Crespo, Solari, Rivas - All.: R. Mancini.

JUVENTUS: Buffon, Grygera, Legrottaglie, Chiellini, Molinaro, Salihamidzic, Camoranesi, Sissoko, Nedved (41' st Nocerino), Trezeguet (37' st Iaquinta), Del Piero - In panchina: Belardi, Birindelli, Palladino, Stendardo, Tiago – All.: C. Ranieri.

ARBITRO: Farina di Novi Ligure.

RETI: 4' st Camoranesi, 18' st Trezeguet, 38' st Maniche

NOTE: Stadio Giuseppe Meazza - Ammoniti: Molinaro, Cruz, Chivu, Legrottaglie, Burdisso

Guardala su Youtube!

REAL MADRID – JUVENTUS 0-2

Madrid, 05/11/2008 – Champions League

Dopo due anni di assenza, la Juventus torna in Champions League. Superato agevolmente il turno preliminare contro gli slovacchi dell'Artmedia, i bianconeri vengono inseriti in un girone con Real Madrid, Zenit San Pietroburgo e Bate Borisov. Dopo le prime tre partite la squadra di Ranieri ha già raccolto 7 punti e affronta la trasferta di Madrid con la consapevolezza che una vittoria vorrebbe dire qualificazione matematica agli ottavi. Sarà la serata di Alex Del Piero, autore di una memorabile doppietta che regala una vittoria al Bernabeu alla Juve dopo ben 46 anni: gran tiro rasoterra da fuori area nel primo tempo, punizione imprendibile per Casillas (che nemmeno si muove) nella ripresa.

Al momento della sostituzione, a tre minuti dalla fine, il pubblico madridista gli tributa una standing ovation da brividi cui il capitano risponde con un applauso. Un riconoscimento che il pubblico del Santiago Bernabeu, da sempre abituato ad ammirare grandi campioni, offre con grande parsimonia e solo ad autentiche leggende del calcio. Il cammino in coppa della Juve si fermerà poi agli ottavi, eliminata dal Chelsea (sconfitta 1-0 in Inghilterra, pareggio 2-2 al ritorno).

REAL MADRID: Casillas, Sergio Ramos, Cannavaro, Heinze (36'st Van der Vaart) , Marcelo, Snejider (14'st Higuain), Diarra, Guti, Raul, Van Nistelrooy (36'st Saviola), Drenthe - In panchina: Dudek, Salgado, Gago – All.: B. Schuster

JUVENTUS: Manninger, Mellberg, Legrottaglie, Chiellini, Molinaro; Marchionni, Tiago, Sissoko, Nedved, Amauri (38'st Iaquinta), Del Piero (42'st De Ceglie) - In panchina: Chimenti, Camoranesi, Giovinco, Rossi, Ariaudo – All.: C. Ranieri

ARBITRO: Vink (Olanda)

RETI: 17'pt e 22'st Del Piero.

NOTE: Stadio Santiago Bernabeu, spettatori 90.000 - ammoniti: Sissoko, Drenthe, Legrottaglie, Mellberg, Guti, Van Nistelrooy

Guardala su Youtube!

ROMA – JUVENTUS 1-3

Roma, 30/08/2009 – Serie A

La grande illusione. Così possiamo definire questa partita rispetto alla recente storia bianconera. La stagione precedente si è conclusa con l'esonero di Claudio Ranieri e la squadra affidata a Ciro Ferrara per le ultime due giornate, che sono valse il secondo posto finale in classifica dietro all'Inter. La nuova stagione si apre all'insegna dell'entusiasmo per gli acquisti dei due brasiliani Diego e Felipe Melo. Dopo la prima vittoria in casa contro il Chievo, l'appuntamento all'Olimpico contro i giallorossi è sentito come l'occasione per verificare le ambizioni della squadra.

Il risultato finale, un sonante 3-1 con i nuovi arrivati subito in rete, genera entusiasmo tra i tifosi e titoloni su giornali (memorabile il "Maradiego" di Tuttosport). La stagione prosegue purtroppo in tutt'altra direzione: a gennaio, dopo una serie di risultati negativi, la panchina viene affidata a Zaccheroni, ma senza risultato. In Europa League veniamo eliminati dal Fulham dopo una umiliante sconfitta per 4-1 in Inghilterra. In campionato concludiamo invece con un deludente settimo posto, il peggior risultato dai tempi di Maifredi (1990/91).

ROMA: Bertagnoli, Cassett, Mexe, Burdisso, Riise (71' Vucinic), De Rossi, Taddei (45' Tonetto), Pizarro, Perrotta (80' Cerci), Ménez, Totti – In panchina: Arthur, Juan, Motta, Guberti, Baptista – All.: L. Spalletti

JUVENTUS: Buffon, Grygera, Cannavaro, Chiellini, De Ceglie (74' Legrottaglie), Tiago, Marchisio (62' Camoranesi), Felipe Melo; Diego (85' Poulsen), Amauri, Iaquinta – In panchina: Manninger, Molinaro, Del Piero, Trezeguet – All.: Ferrara

ARBITRO: Rocchi

RETI: 24' Diego, 35' De Rossi, 67' Diego, 92' Felipe Melo

NOTE: Stadio Olimpico, 65.000 spettatori - Ammoniti: Tiago, De Rossi, Taddei, Diego, Perrotta, Marchisio, Grygera

Guardala su Youtube!

2010-2019

Juventus 2014/15

JUVENTUS – PARMA 4-1

Torino, 11/09/2011 – Serie A

Esordio nel nuovo stadio di proprietà, prima partita con l'ex capitano Antonio Conte in panchina e vittoria sonante per 4-1. Difficile immaginare un inizio di campionato migliore dopo due stagioni deludenti, entrambe concluse al settimo posto. Brillano subito i nuovi acquisti: Pirlo in cabina di regia, Lichtsteiner pendolino sulla fascia ed autore del primo gol su perfetta imbeccata del Maestro, Vidal che mostra le sue qualità anche da subentrato. La goleada – cui partecipano anche Simone Pepe e Claudio Marchisio – infonde fiducia ed entusiasmo nell'ambiente.

E' solo l'inizio di una stagione eccezionale che porterà la Juve a conquistare lo scudetto – da imbattuta - dopo sei anni di digiuno. E' anche il primo alloro della straordinaria e (forse) irripetibile serie di nove titoli consecutivi (tre con Conte, cinque con Allegri ed uno con Sarri).

JUVENTUS: Buffon; Lichtsteiner, Barzagli, Chiellini, De Ceglie; Marchisio, Pirlo; Pepe (76' Krasic), Del Piero (67' Vidal), Matri (57' Vucinic), Giaccherini – In panchina: Storari, Bonucci, Elia, Toni - All.: Conte

PARMA: Mirante; Zaccardo, Paletta, Lucarelli, Rubin; Valiani, Morrone, Galloppa (74' Ze Eduardo), Modesto (61' Biabiany); Giovinco; Pellè (64' Floccari) - In panchina: Pavarini, Feltscher, Blasi, Crespo. All.: Colomba.

ARBITRO: Celi

RETI: 17' Lichtsteiner, 58' Pepe, 73' Vidal, 83' Marchisio, 92' rig. Giovinco

NOTE: Prima partita ufficiale allo Juventus Stadium, tutto esaurito - Ammoniti: Giaccherini, Lucarelli, espulso De Ceglie al 90'

Guardala su Youtube!

FIORENTINA – JUVENTUS 0-5

Firenze, 17/03/2012 – Serie A

La Juve di Antonio Conte si presenta a Firenze dopo tre pareggi consecutivi che ne hanno frenato la rincorsa verso la vetta della classifica, dove il Milan è solo con 4 punti di vantaggio. Si parla di 'pareggite' e di difficoltà di fare gol ma in meno di mezz'ora i bianconeri chiudono la pratica viola: rete di Vucinic al 15', Cerci scalcia malamente De Ceglie e viene espulso al 21', Vidal al 28' piazza il colpo del ko, come mimerà nella sua esultanza successiva.

Il secondo tempo è pura accademia: la Juve continua a giocare bene ed a creare occasioni da gol. Segneranno Marchisio di testa, Pirlo con un inserimento magistrale e Padoin subentrato a Vidal. Da notare che tutti e quattro i centrocampisti schierati da Conte sono andati in gol. L'inseguimento al Milan e la rincorsa scudetto continuano.

FIORENTINA: Boruc, Cassani, Natali, Nastasic, Pasqual, Olivera (46' De Silvestri), Montolivo, Lazzari, Cerci, Amauri, Vargas – In panchina: Neto, Gamberini, Kharja, Behrami, Salifu, Marchionni - All.: D. Rossi

JUVENTUS: Buffon, Lichtsteiner, Bonucci, Caceres, De Ceglie, Vidal (69' Padoin), Pirlo, Marchisio, Pepe, Matri (59' Quagliarella), Vucinic (69' Borriello) – In panchina: Storari, Chiellini, Giaccherini, Del Piero - All.: A. Conte

ARBITRO: Bergonzi

RETI: 16' Vucinic, 27' Vidal, 56' Marchisio, 66' Pirlo, 72' Padoin

NOTE: Stadio Artemio Franchi – Espulso al 21' Cerci, ammoniti Lichtsteiner, Olivera

Guardala su Youtube!

CESENA – JUVENTUS 0-1

Cesena, 25/04/2012 – Serie A

Trentatreesima giornata di campionato, il testa a testa in classifica tra Juve e Milan continua con i bianconeri in vetta con un solo punto di vantaggio. Il Cesena è ultimo e pare ormai destinato alla retrocessione ma si dimostra un avversario duro da superare, anche per la cronica difficoltà bianconera a segnare contro squadre chiuse. Conte le prova tutte ma il risultato non si sblocca fino a quando Marco Borriello, in campo da pochi minuti e ancora a secco di gol da quando è arrivato nel mercato di gennaio, calcia al volo di sinistro un pallone appoggiatogli all'indietro di testa da Mirko Vucinic: è il gol che regala la vittoria alla Juventus e le consente di mantenere invariato il vantaggio sui rossoneri quando mancano solo quattro partite alla fine del campionato.

Con riferimento a questa partita, è diventata celebre la telecronaca di Mauro Suma di Milan Channel che durante Milan-Genoa (che si svolgeva in contemporanea) si esalta per un fantomatico pareggio dei padroni di casa: *"Ha pareggiato il Cesena?"* è ormai un meme passato alla storia.

CESENA: Antonioli; Ceccarelli, Moras, Rodriguez, Banalouane; Djokovic (77' st Rossi), Colucci (32' Guana), Parolo; Santana; Del Nero (65' T. Arrigoni), Rennella - In panchina: Ravaglia, Comotto, Malonga, Lolli - All.: Beretta

JUVENTUS: Buffon; Barzagli, Bonucci, Chiellini; Caceres (69' Giaccherini), Vidal, Pirlo, Marchisio, De Ceglie (74' Del Piero); Matri (74' Borriello), Vucinic – In panchina: Storari, Lichtsteiner, Padoin, Marrone - All.: Conte

ARBITRO: Guida

RETI: 80' Borriello

NOTE: Stadio Dino Manuzzi, recupero della partita originariamente prevista per il 15/4 e non disputata per la morte in campo di Piermario Morosini, giocatore del Livorno - Ammoniti: Colucci, Rennella, Guana, Moras, Vidal, Pirlo, Matri

Guardala su Youtube!

JUVENTUS – ATALANTA 3-1

Torino, 13/05/2012 – Serie A

E' l'ultima giornata di campionato. La settimana precedente a Trieste, contro il Cagliari, la Juve si è aggiudicata matematicamente lo scudetto grazie alla concomitante sconfitta del Milan nel derby. La partita casalinga con l'Atalanta è quindi poco più che una passerella per raccogliere il ringraziamento dei tifosi dopo una stagione esaltante conclusa da imbattuti. Sarà Barzagli, con un rigore al 91', a scrivere la parola fine su uno degli scudetti più emozionanti della storia bianconera; è il ventesimo giocatore a segnare almeno un gol in campionato in questa stagione. Ma il motivo per cui questo incontro resterà però nella storia – e nei cuori di noi tifosi juventini – è l'addio di Del Piero alla serie A.

Alessandro Del Piero è arrivato a Torino nel 1993 e da allora – in 19 stagioni - ha disputato 705 partite in maglia bianconera, segnando ben 290 reti (entrambi record assoluti). Alex ha contribuito alla conquista di 8 scudetti, 1 coppa Italia, 4 supercoppe italiane, 1 Champions League, 1 Coppa Intercontinentale, 1 Supercoppa UEFA ed 1 Coppa Intertoto. Ha vinto il Campionato del Mondo in Germania nel 2006 con la maglia azzurra. Chiuderà la sua carriera tra Australia e India.

JUVENTUS: Storari, Lichtsteiner, Bonucci, Chiellini (88' Barzagli), Estigarribia (66' Quagliarella), Padoin, Pirlo, Marrone, Giaccherini, Borriello, Del Piero (58' Pepe) – In panchina: Buffon, Barzagli, Marchisio, Pepe, Quagliarella, Matri, Vucinic - All.: A. Conte

ATALANTA: Frezzolini, Bellini, Lucchini, Manfredini, Peluso, Schelotto (52' Minotti), Carmona, Cazzola (82' Cigarini), Bonaventura, Moralez (52' Gabbiadini), Denis – In panchina: Polito, Ferri, Raimondi, Cigarini, Mutarelli, Gabbiadini, Tiribocchi - All.: Colantuono.

ARBITRO: Gava

RETI: 10' Marrone, 28' Del Piero, 83' Lichtsteiner (autorete), 91' Barzagli (rig.)

Guardala su Youtube!

JUVENTUS – CHELSEA 3-0

Torino, 20/11/2012 – Champions League

Dopo due stagioni alla finestra, la Juve torna a partecipare alla Champions League. La partenza nel girone è meno brillante del previsto: dopo il buon pareggio (2-2) a Londra contro il Chelsea arrivano quelli, deludenti, contro Shakthar e Nordsjaelland. La prima giornata di ritorno offre ai bianconeri l'occasione del riscatto contro i campioni in carica del Chelsea di Di Matteo ed i ragazzi di Alessio (Conte è squalificato) non se la lasciano sfuggire.

Fabio Quagliarella – che aveva già segnato all'andata - apre le marcature con una deviazione fortuita su tiro da fuori area di Pirlo. Il raddoppio è opera di Arturo Vidal che batte un rigore in movimento su perfetto assist di Asamoah. A tempo scaduto è Sebastian Giovinco a fissare il risultato finale sul 3-0 in contropiede, anticipando Cech in disperata uscita fuori area. Agli ottavi il sorteggio riserverà alla Juve un avversario troppo superiore, il Bayern Monaco, che passerà il turno agevolmente grazie ad un doppio 2-0.

JUVENTUS: Buffon, Barzagli, Bonucci, Chiellini; Lichtsteiner (67' Caceres), Vidal, Pirlo, Marchisio, Asamoah; Vucinic (82' Giovinco), Quagliarella (88' Pogba) – In panchina: Storari, Pepe, Isla, Matri - All.: A. Alessio

CHELSEA: Cech, Azpilicueta (60' Moses), Ivanovic, Cahill, Cole, David Luiz, Mikel (60' Torres), Ramires, Oscar, Hazard, Mata – In panchina: Turnbull, Bertrand, Romeu, Marin, Sturridge - All.: R. Di Matteo

ARBITRO: Cakir (Turchia)

RETI: 38' Quagliarella, 16' st Vidal, 46' st Giovinco

NOTE: Juventus Stadium, tutto esaurito - ammoniti: Bonucci, Marchisio, Giovinco (J), Ramires (C)

Guardala su Youtube!

FIORENTINA – JUVENTUS 0-1

Firenze, 20/03/2014 – Europa League

Nonostante i due scudetti consecutivi, la Juve di Conte continua a soffrire le gare internazionali. In Champions League viene eliminata nel girone iniziale, anche a causa dell'inopinata sconfitta sul campo (reso) impraticabile del Galatasaray. "Retrocessi" in Europa League, i bianconeri superano i turchi del Trabzonspor ed agli ottavi devono fronteggiare la Fiorentina di Montella. All'andata, i viola escono dallo Stadium con un 1-1 che li pone in condizioni di vantaggio nella gara di ritorno.

Lo stadio di Firenze è gremito in ogni ordine di posto ed il sostegno per i padroni di casa è incessante. La partita offre occasioni da ambo le parti ma il risultato non si sblocca. La svolta arriva al 26' della ripresa: Rodriguez atterra Llorente al limite dell'area e viene espulso, sulla successiva punizione Andrea Pirlo fa una magia delle sue e spedisce il pallone all'incrocio, regalando la qualificazione ai bianconeri. Dopo aver eliminato il Lione ai quarti, la Juve si fermerà però in semifinale contro il Benfica (2-1 a Lisbona, 0-0 a Torino).

FIORENTINA: Neto, Tomovic, Gonzalo Rodriguez, Savic, Cuadrado, Aquilani, Pizarro (48' Ambrosini), Borja Valero, Vargas, Ilicic (73' Roncaglia), Gomez (63' Matri) – In panchina: Rosati, Pasqual, Bakic, Joaquin - All.: V. Montella.

JUVENTUS: Buffon, Caceres, Bonucci, Chiellini, Isla (76' Lichtsteiner), Vidal, Pirlo, Pogba, Asamoah, Tevez, Llorente (87' Osvaldo) – In panchina: Storari, Romagna, Mattiello, Padoin, Vucinic – All.: A. Conte.

ARBITRO: Webb

RETI: 71' Pirlo

NOTE: Stadio Artemio Franchi - Espulso al 69' Gonzalo Rodriguez per doppia ammonizione - Ammoniti: Vidal, Cuadrado, Tevez, Neto

Guardala su Youtube!

JUVENTUS – TORINO 2-1

Torino, 30/11/2014 – Serie A

Tredicesima giornata, derby della Mole con la Juve in vetta alla classifica ed il Toro al quindicesimo posto. La Juve si porta in vantaggio dopo nemmeno un quarto d'ora con il rigore trasformato da Vidal. Quasi immediato il pareggio dei granata con un gran gol di Bruno Peres che, dopo una progressione irresistibile iniziata nella propria area, calcia un diagonale imprendibile per Storari. La partita – che si disputa sotto la pioggia - sembra incanalata verso il pareggio. I bianconeri restano anche in dieci uomini dal 78' per l'espulsione di Stephan Lichtsteiner (doppia ammonizione). Orsato assegna tre minuti di recupero.

A pochi secondi dalla fine, Bonucci recupera un pallone sulla trequarti avversaria, palla a Morata, poi a Vidal che la appoggia all'indietro all'accorrente Andrea Pirlo. Il tiro è irresistibile, a pelo d'erba, e si insacca nell'angolino basso alla destra di Gillet. Mancano cinque secondi alla fine, la Juve ha vinto un altro derby. Torino è ancora una volta bianconera.

JUVENTUS: Storari, Lichtsteiner, Bonucci, Chiellini, Evra, Marchisio (dal 19' s.t. Pereyra), Pirlo, Pogba, Vidal, Llorente (dal 13' s.t. Morata), Tevez (dal 38' s.t. Ogbonna) – In panchina: Rubinho, Audero, Mattiello, Coman, Giovinco - All.: M. Allegri.

TORINO: Gillet; Maksimovic, Glik, Moretti; Peres, Gazzi, Vives (dall'8' s.t. Benassi), El Kaddouri (dal 47' s.t. Sanchez Mino), Darmian; Amauri, Quagliarella (dal 27' s.t. Larrondo) – In panchina: Castellazzi, Padelli, Molinaro, Bovo, Perez, Farnerud, Martinez, Silva, Jansson - All.: G. Ventura.

ARBITRO: Orsato

RETI: Vidal su rig. al 15', Peres al 22' p.t.; Pirlo al 48' s.t.

NOTE: Juventus Stadium, Spettatori 39.938, incasso 1.693.577 euro - Espulso Lichtsteiner al 33' s.t. per doppia ammonizione. Ammoniti: Pogba, Glik, Amauri, Gazzi e Moretti

Guardala su Youtube!

NAPOLI – JUVENTUS 1-3

Napoli, 11/01/2015 – Serie A

Due settimane dopo la sconfitta ai rigori in Supercoppa a Doha, la Juve affronta nuovamente il Napoli in cerca di rivincita e di punti fondamentali per mantenere il primo posto in classifica. Prima dell'incontro, al San Paolo si ricorda il grande Pino Daniele, scomparso in settimana. La Juve apre le marcature alla mezz'ora grazie ad una prodezza balistica di Paul Pogba che si coordina perfettamente calciando al volo alle spalle di Rafael. Il match rimane aperto con occasioni da ambo le parti ma è il Napoli a segnare: corner di Mertens e Britos calcia al volo dal limite dell'area piccola trafiggendo Buffon.

I bianconeri non si perdono d'animo e tornano in vantaggio - dopo soli cinque minuti - con Martin Caceres che raccoglie di testa un cross su calcio di punizione dalla trequarti di Pirlo. La Juve resiste poi ai tentativi di rimonta degli avversari, vicinissimi al pareggio con Higuain, e all'ultimo minuto chiude la partita in contropiede con un siluro dal limite di Vidal che spedisce il pallone sotto la traversa. Grazie a questa vittoria la Juve si laurea campione d'inverno con tre punti di vantaggio sulla Roma.

NAPOLI: Rafael, Maggio, Albiol, Koulibaly, Britos, Gargano (83' Zapata), David Lopez, Callejon (73' Gabbiadini), Hamsik (60' Mertens), De Guzman, Higuain – In panchina: Andujar, Colombo, Henrique, Mesto, Strinic, Inler, Jorginho, Radosevic - All. R. Benitez

JUVENTUS: Buffon, Caceres (80' Ogbonna), Bonucci, Chiellini, Evra, Pogba (70' Lichtsteiner), Pirlo, Marchisio, Vidal, Tevez, Llorente (74' Morata) – In panchina: Storari, Rubinho, Pepe, Padoin, Vitale, Pereyra, Mattiello, Coman, Giovinco - All.: M. Allegri.

ARBITRO: Paolo Tagliavento

RETI: 29' Pogba, 64' Britos, 69' Caceres, 95' Vidal

NOTE: Stadio San Paolo - Ammoniti Tevez, Caceres, Britos, De Guzman, Albiol, Zapata

Guardala su Youtube!

BORUSSIA DORTMUND – JUVENTUS 0-3

Dortmund, 18/03/2015 – Champions League

Dopo essere arrivata seconda nel suo girone, la Juve al sorteggio degli ottavi pesca il Borussia Dortmund di Jurgen Klopp. All'andata i bianconeri si impongono per 2-1 con i gol di Tevez e Morata cui risponde Reus per i tedeschi; un risultato che lascia completamente aperto il discorso qualificazione. Ma a Dortmund bastano pochi minuti per capire che la Juve è venuta in Germania per vincere. Carlitos Tevez spara un destro terrificante dai 25 metri che spacca la porta difesa dall'incolpevole Weidenfeller. La Juve gioca meglio ma al 27' Allegri deve correggere l'assetto della squadra per l'infortunio di Pogba: entra Barzagli, si passa al 3-5-2 ma la musica non cambia.

Nella ripresa segnano prima Morata su assist di Tevez e poi Tevez stesso, autentico mattatore della serata, su assist di Pereyra. Grazie a questa impressionante dimostrazione di forza la Juventus vola ai quarti dove troverà i francesi del Monaco. Il sogno Champions continua.

BORUSSIA DORTMUND: Weidenfeller; Papastathopoulos, Subotic, Hummels, Schmelzer (46' Kirch); Bender (63' Ramos), Gündogan; Mkhitaryan (63' Blaszczykowski), Reus, Kampl; Aubameyang – In panchina: Langerak, Kehl, Kagawa, Immobile - All. J. Klopp

JUVENTUS: Buffon; Lichtsteiner, Bonucci, Chiellini, Evra, Vidal, Marchisio, Pogba (27' Barzagli), Pereyra, Tevez (81' Pepe), Morata (78' Matri) – In panchina: Storari, Ogbonna, Padoin, Llorente - All. M. Allegri.

ARBITRO: Mazic (Serbia)

RETI: 3' Tevez, 70' Morata al 25', 79' Tevez

NOTE: Westfalenstadion, spettatori: 65.850 - Ammonito Reus

Guardala su Youtube!

JUVENTUS – LAZIO 2-1 (dts)

Roma, 20/05/2015 – Coppa Italia

Fresca della conquista del quarto scudetto consecutivo, la Juventus arriva alla finale di Coppa Italia dopo aver eliminato nei turni precedenti Verona, Parma e Fiorentina. L'avversario è la Lazio che sta terminando un ottimo campionato che la vedrà finire terza in classifica. Il match è subito in salita per i bianconeri: punizione dalla destra battuta da Cataldi verso il centro dell'area dove Radu svetta e incorna il pallone spedendolo all'incrocio dove nulla può Storari. La Juve non si perde d'animo e trova il pareggio dopo pochi minuti con Chiellini che in acrobazia insacca dopo una punizione dalla trequarti di Pirlo. La partita prosegue con occasioni da entrambe le parti ma senza che l'equilibrio venga spezzato nei novanta minuti.

Si va quindi ai supplementari, dove Djordjevic fa tremare i tifosi bianconeri con un gran sinistro da fuori area che carambola da un palo all'altro per poi uscire dalla porta. La Juve reagisce subito e trova il gol vittoria con Matri al settimo minuto del primo tempo supplementare. La Lazio non riuscirà più a rialzarsi e la partita finisce in un tripudio di bandiere bianconere. La Juventus si aggiudica la decima coppa Italia della sua storia, il successo precedente risaliva addirittura al 1995.

JUVENTUS: Storari, Barzagli, Bonucci, Chiellini, Lichtsteiner (115' Padoin), Vidal, Pirlo, Pogba (78' Pereyra), Evra, Tevez, Llorente (84' Matri) – In panchina: Buffon, Rubinho, Ogbonna, De Ceglie, Pepe, Coman, Asamoah, Sturaro, Marrone - All.: M. Allegri

LAZIO: Berisha, De Vrij (106' Keita B.), Gentiletti, Radu (71' Mauricio), Basta, Parolo, Cataldi, Lulic, Candreva, Felipe Anderson, Klose (83' Djordjevic) – In panchina: Marchetti, Strakosha, Ciani, Braafhied, Mauri, Onazi, Ledesma, Novaretti, Cavanda - All.: S. Pioli

ARBITRO: Orsato

RETI: 4' Radu, 11' Chiellini, 97' Matri

NOTE: Stadio Olimpico (campo neutro), spettatori 64.000 – Ammoniti Parolo, Evra, Bonucci, Candreva

Guardala su Youtube!

MANCHESTER CITY – JUVENTUS 1-2

Manchester, 15/09/2015 – Champions League

La Juventus si presenta al primo turno del girone di Champions League con una rosa rinnovata rispetto a quella che nell'edizione precedente era arrivata fino alla finale di Berlino, poi persa col Barcellona di Messi. Non ci sono più Pirlo, Vidal, Llorente, Coman e Tevez, sono arrivati Cuadrado, Hernanes, Khedira, Alex Sandro, Dybala e Mandzukic. L'avvio di stagione è in campionato è durissimo (un solo punto nelle prime tre giornate) e l'esordio europeo a Manchester è l'occasione giusta per ritrovare la convinzione necessaria ad affrontare la stagione. Dopo un primo tempo equilibrato e senza brividi, gli inglesi si portano in vantaggio grazie ad uno sfortunato autogol di Chiellini affossato irregolarmente da Kompany su un'azione da calcio d'angolo.

Nonostante il periodo sfortunato. la Juve a questo punto ritrova il proprio orgoglio e ribalta il risultato prima con Mandzukic e poi con una prodezza balistica di Morata. Pellegrini si gioca le ultime carte dalla panchina ma il risultato non cambia. La Juve vincerà anche la gara di ritorno per 1-0 ed uscirà dalla competizione agli ottavi dopo aver sfiorato una impresa storica in casa del Bayern Monaco (*"Spazzala, Evra!"*).

MANCHESTER CITY: Hart, Sagna, Kompany (85' Otamendi), Mangala, Kolarov, Tourè , Fernandinho, Sterling (72' De Bruyne), Silva, Nasri (84' Aguero), Bony – In panchina: Caballero, Demichelis, Fernando, Jesus Navas - All.: M. Pellegrini.

JUVENTUS: Buffon, Lichtsteiner, Bonucci, Chiellini, Evra, Sturaro, Hernanes , Pogba, Cuadrado, Mandzukic (78' Dybala), Morata (85' Barzagli) – In panchina: Neto, Alex Sandro, Lemina, Pereyra, Zaza - All.: M. Allegri

ARBITRO: Skomina (Slovenia)

MARCATORI: 57' aut. Chiellini, 70' Mandzukic, 81' Morata

Guardala su Youtube!

JUVENTUS – NAPOLI 1-0

Torino, 13/02/2016 – Serie A

Il campionato inizia in maniera disastrosa per la Juventus. Dopo dieci giornate i bianconeri sono dodicesimi in classifica con soli 12 punti, ad 11 lunghezze dalla capolista Roma. Quando tutti celebrano la fine del ciclo vincente juventino, la squadra ritrova lo spirito che l'ha sempre contraddistinta ed inizia una rimonta incredibile. Dopo la caduta di Sassuolo (28 ottobre), la Juve colleziona quattordici vittorie consecutive che le consentono di arrivare allo scontro diretto con la capolista Napoli con solo due punti di distacco. La partita è ovviamente combattuta e sembra indirizzata verso un pareggio a reti inviolate.

A risolverla è un protagonista inatteso, Simone Zaza. Subentrato a Morata nel secondo tempo, a due minuti dal termine raccoglie un pallone fuori dall'area partenopea, se lo sistema sul sinistro e calcia alle spalle di Reina, aiutato da una leggera deviazione di un difensore. Quindicesima vittoria consecutiva (è record), sorpasso in vetta e Juve che si avvia a conquistare il suo quinto scudetto consecutivo.

JUVENTUS: Buffon, Lichtsteiner, Barzagli, Bonucci (52' Rugani), Evra, Cuadrado, Khedira, Marchisio, Pogba, Dybala (86' Alex Sandro), Morata (58' Zaza) – In panchina: Neto, Rubinho, Romagna, Padoin, Hernanes, Sturaro, Pereyra, Favilli - All. Allegri

NAPOLI: Reina, Hysaj, Albiol, Kouibaly, Ghoulam, Allan (90' Gabbiadini), Jorginho, Hamsik, Insigne (77' Mertens), Higuain, Callejon – In panchina: Rafael,

Gabriel, Chiriches, Strinic, Maggio, Regini, Valdifiori, David Lopez, El Kaddouri, Chalobah - All.: M. Sarri.

ARBITRO: Orsato

NOTE: Juventus Stadium, spettatori 41.305 - Ammoniti Callejon, Pogba, Marchisio e Koulibaly

RETI: 88' Zaza

Guardala su Youtube!

MILAN – JUVENTUS 0-1 (dts)

Roma, 21/05/2016 – Coppa Italia

Seconda finale consecutiva per la Juve, anche quest'anno con lo scudetto già in tasca (è il quinto consecutivo). L'avversario di turno è il Milan, reduce da una stagione deludente conclusa con il settimo posto in classifica. Il Milan parte meglio, con pressing alto e personalità non fa ragionare la Juventus e la mette in difficoltà. Il primo tempo si chiude a reti inviolate con i bianconeri che non sono mai entrati veramente in partita. Nel secondo tempo la musica non cambia, la squadra è ancora più lunga e lascia spazio al Milan che spreca diverse occasioni in contropiede.

Al novantesimo è 0-0 e si va ai tempi supplementari durante i quali la Juve tiene il ritmo basso, aspettando l'occasione buona. Negli ultimi dieci minuti Allegri inserisce Morata al posto di un deludente Hernanes e lo spagnolo ripaga subito la fiducia dell'allenatore segnando il gol vittoria su cross dalla destra di Cuadrado. La Juventus conquista la sua undicesima Coppa Italia, terzo trofeo stagionale dopo lo scudetto e la supercoppa italiana.

MILAN: Donnarumma, Calabria, Zapata, Romagnoli, De Sciglio, Kucka (112′ Balotelli), Montolivo (109′ Mauri), Poli (84′ Niang), Honda, Bacca, Bonaventura – In panchina: Abbiati, D.Lopez, Mexes, Alex, Locatelli, Bertolacci, Menez, Luiz Adriano, Boateng – All.: C. Brocchi

JUVENTUS: Neto; Rugani, Barzagli, Chiellini; Lichtsteiner (75′ Cuadrado), Lemina, Hernanes (108′ Morata), Pogba, Evra (62′ Alex Sandro); Mandzukic, Dybala – In panchina: Buffon, Rubinho, Padoin, Asamoah, Sturaro, Pereyra, Zaza – All.: M. Allegri

ARBITRO: Rocchi

RETI: 110′ Morata

NOTE: Stadio Olimpico (campo neutro), 67.000 spettatori – Ammoniti: Zapata, Honda, Niang, Mauri, Pogba, Barzagli, Chiellini, Morata, Rugani

Guardala su Youtube!

JUVENTUS – BARCELLONA 3-0

Torino, 11/04/2017 – Champions League

Andata dei quarti di finale della Champions League 2016/17. Allo Juventus Stadium arriva il Barcellona dei fenomeni (Messi, Suarez, Neymar, Iniesta ...). Mister Allegri azzecca la partita perfetta, imbrigliando i catalani e capitalizzando tutte le occasioni create, grazie soprattutto alla serata straordinaria di Paulo Dybala, autore di due gol nei primi venti minuti di gioco. Nella ripresa è un'incornata su corner di Chiellini ad arrotondare il risultato. Una delle più esaltanti serate europee di questo decennio.

Al ritorno sarà uno 0-0 in completa gestione del risultato, senza correre mai veri rischi. La Juve raggiungerà così la seconda semifinale di Champions in tre anni eliminando una delle grandi favorite per la vittoria finale.

JUVENTUS: Buffon, Dani Alves, Bonucci, Chiellini, Alex Sandro , Pjanic (44' st Barzagli) , Khedira, Cuadrado (28' st Lemina), Dybala (36' st Rincon), Mandzukic, Higuain - In panchina: Neto, Asamoah, Lichtsteiner, Marchisio - All. Massimiliano Allegri

BARCELLONA: Ter Stegen, Sergi Roberto, Piqué, Umtiti, Mathieu (1' st André Gomes), Rakitic, Mascherano, Iniesta, Messi, Suarez, Neymar. – In panchina: Cilessen, Denis Suarez, Jordi Alba, Digne, Alena, Alcacer - All. Luis Enrique

ARBITRO: Marciniak (Polonia).

RETI: 7' pt e 22' pt Dybala, 10' st Chiellini

NOTE: 41.092 spettatori paganti allo Juventus Stadium per un incasso di 4 milioni di euro. Ammoniti Dani Alves, Suarez, Iniesta, Mandzukic, Khedira, Umtiti, Lemina

Guardala su Youtube!

INTER – JUVENTUS 2-3

Milano, 28/04/2018 – Serie A

Quando mancano solo quattro partite alla fine del campionato, la Juve – con un solo punto di vantaggio sul Napoli con cui ha perso in casa la settimana prima – fa visita all'Inter a San Siro. La partita sembra mettersi subito in discesa con il gol in apertura di Douglas Costa e l'espulsione di Vecino per un brutto intervento su Mandzukic. Nel secondo tempo però emergono i limiti fisici e di gioco già visti nel girone di ritorno ed i nerazzurri ribaltano il risultato con Icardi ed un autorete di Barzagli.

Quando tutto sembra finito ed il lungo ciclo di scudetti vinti giusto al termine, prima Cuadrado all'87' e poi Higuain di testa all'89' ribaltano il risultato. Come dirà il radiocronista RAI Francesco Repice, *"la Juve non muore letteralmente MAI"*! Il giorno dopo il Napoli subirà una pesante sconfitta a Firenze (3-0) e dirà così addio ai sogni di gloria (il fantomatico *"scudetto perso in albergo"*). In due giorni la Juve virtualmente conquista il suo 36° scudetto.

INTER: Handanovic, Cancelo, Skriniar, Miranda, D'Ambrosio, Vecino, Brozovic, Candreva, Rafinha (81' Borja Valero), Perisic, Icardi (85' Santon) – In panchina: Padelli, Berni, Lisandro, Ranocchia, Eder, Dalbert, Pinamonti. - All. L. Spalletti

JUVENTUS: Buffon, Cuadrado, Rugani, Barzagli, Alex Sandro, Khedira (61' Dybala), Pjanic (80' Bentancur), Matuidi, Douglas Costa, Higuain, Mandzukic (66' Bernardeschi) – In panchina: Szczesny, Pinsoglio, Chiellini, Benatia, Marchisio, Howedes, Asamoah, Lichtsteiner - All. M. Allegri

ARBITRO: Orsato

RETI: 13' pt Douglas Costa, 7' st Icardi, 20' st aut. Barzagli, 42' st aut. Skriniar, 44' st Higuain.

NOTE: Stadio Giuseppe Meazza, Spettatori 78.328, incasso 5.297.508 euro - Espulso al 18' st Vecino. Allontanato dalla panchina al 45' st Allegri. Ammoniti: D'Ambrosio, Brozovic, Cuadrado, Pjanic, Barzagli, Mandzukic, Alex Sandro

Guardala su Youtube!

LAZIO – JUVENTUS 0-1

Roma, 03/03/2018 – Serie A

Ventisettesima giornata di campionato, il Napoli è in testa con 69 punti, la Juve insegue a quota 68 e deve giocare in casa della terza in classifica, la Lazio. La prestazione bianconera è deludente: ritmi bassi, tanti errori tecnici, poche idee in attacco anche a causa della stanchezza e dei numerosi infortuni. La partita sembra avviarsi senza sussulti verso lo 0-0 finale, nel corso del recupero (solo tre minuti) i tifosi napoletani già festeggiano il passo falso bianconero su social e dirette di tv locali. Ma non hanno fatto i conti con il talento di Paulo Dybala che all'ultimo minuto riceve un pallone al limite dell'area, spalle alla porta; con un tunnel si libera del primo avversario, una volta entrato in area resiste alla carica di Parolo e cadendo incrocia il pallone, mettendolo nell'angolino alle spalle dell'incredulo Strakosha.

La corsa con i compagni sotto la curva occupata dai tifosi bianconeri suggella una vittoria memorabile e importantissima. Poco dopo infatti il Napoli gioca in casa contro la Roma e perde 4-2, facendosi così superare in classifica dai bianconeri. La corsa è ancora lunga ma alla fine la Juve conquisterà il suo 36° scudetto.

LAZIO: Strakosha, Luiz Felipe, de Vrij, Radu, Lulic (45' st Murgia), Parolo, Leiva, Milinkovic, Lukaku, Luis Alberto (25' st Felipe Anderson); Immobile (34' st Caicedo) – In panchina: Guerrieri, Vargic, Bastos, Wallace, Patric, Crecco, Jordao, Nani - All.: S. Inzaghi.

JUVENTUS: Buffon, Benatia, Rugani, Barzagli; Lichtsteiner (12' st Douglas Costa), Khedira, Pjanic, Matuidi, Asamoah; Dybala (50' st Chiellini), Mandzukic (27' st Alex Sandro) – In panchina: Szczesny, Del Favero, Howedes, Sturaro, Bentancur, Marchisio - All.: M. Allegri.

ARBITRO: Banti

MARCATORI: 93' Dybala (J)

NOTE: Stadio Olimpico, Spettatori 45.000 circa. Ammoniti: Luis Alberto, Luiz Felipe, Lulic, Lichtsteiner, Alex Sandro

Guardala su Youtube!

TOTTENHAM – JUVENTUS 1-2

Londra, 07/03/2018 – Champions League

Dopo essersi piazzata seconda nel girone dietro al Barcellona, la Juve nell'urna del sorteggio pesca gli inglesi del Tottenham. All'andata i bianconeri, dopo essere partiti forte (2-0 in nove minuti, doppietta di Higuain), devono subire la rimonta della squadra di Pochettino che nel secondo tempo gioca decisamente meglio e sfiora addirittura il successo esterno. Risultato finale 2-2. Il ritorno a Wembley appare quindi decisamente difficile ed il gol di Son sul finire del primo tempo getta nella disperazione i tifosi juventini. Sempre nel primo tempo l'arbitro nega un colossale calcio di rigore alla Juve per un fallo evidente di Vetonghen su Douglas Costa.

Sembra davvero una serata stregata fino a quando (64') una zampata del Pipita riapre la partita e dona entusiasmo alla squadra che ora dimostra maggiore fiducia nei propri mezzi. Passano solo tre minuti ed una splendida combinazione tutta argentina porta al gol Dybala su passaggio filtrante di Higuain. La situazione è ribaltata, ora sono gli inglesi a dover rincorrere ma la squadra di Allegri sa come chiudersi e resiste fino alla fine nonostante la pressione dei padroni di casa. Wembley è espugnato, via libera per i quarti di finale contro il Real Madrid.

TOTTENHAM: Lloris, Trippier, Sanchez, Vertonghen, Davies, Dembelè, Dier (74' Lamela), Eriksen, Alli (86' Llorente), Kane, Son – In panchina: Vorm, Rose, Wanyama, Sissoko, Lucas Moura - All.: M. Pochettino

JUVENTUS: Buffon, Barzagli, Benatia (16' st Lichtsteiner), Chiellini, Alex Sandro, Khedira, Pjanic, Matuidi (15' st Asamoah), Douglas Costa, Higuain (39' st Sturaro), Dybala – In panchina: Szczesny, Marchisio, Rugani, Bentancur - All.: M. Allegri

ARBITRO: Marciniak (Polonia)

RETI: 39' Son; 64' Higuain, 67' Dybala

NOTE: Stadio di Wembley, spettatori 80.000 circa - Ammoniti: Vertonghen, Dembele, Alli, Alex Sandro, Pjanic, Benatia, Chiellini

Guardala su Youtube!

REAL MADRID – JUVENTUS 1-3

Madrid, 11/04/2018

Uno delle vittorie più tristi degli ultimi anni. Il sorteggio dei quarti di finale ha riservato ai bianconeri il Real Madrid di Cristiano Ronaldo. All'andata lo scontro appare impari e proprio CR7 segna uno dei suoi gol più belli, una rovesciata che suscita la spontanea standing ovation di tutto lo Stadium. Risultato finale 0-3. Chi pensa però che la Juventus andrà a Madrid solo per onor di firma si sbaglia. Al Santiago Bernabeu bastano due minuti per far capire al pubblico di casa che sarà una serata difficile. E' Mario Mandzukic a portarci subito in vantaggio e sarà sempre lui a raddoppiare nel primo tempo. Dopo un quarto d'ora nella ripresa la situazione è di totale parità grazie al terzo gol siglato da Matuidi.

A questo punto i bianconeri pagano lo sforzo fatto per rimontare ed il Real si gioca il tutto per tutto, ma la nostra difesa resiste. Perlomeno fino ai minuti di recupero, quando l'arbitro inglese Oliver fischia un generoso calcio di rigore per un intervento di Benatia su Lucas Vasquez. Buffon, furibondo per la beffa, viene espulso e Ronaldo trasforma il penalty. Niente supplementari quindi, Juve eliminata nonostante l'impresa e Real che vola verso la sua tredicesima coppa.

REAL MADRID: Navas, Carvajal, Varane, Vallejo, Marcelo, Kroos, Casemiro (46' Asensio), Modric (75' Kovacic), Isco, Ronaldo, Bale (46' Lucas Vasquez) – In panchina: Kiko Casilla, Benzema, Hernandez, Llorente - All.: Z. Zidane

JUVENTUS: Buffon, De Sciglio (17' Lichtsteiner), Benatia, Chiellini, Alex Sandro, Khedira, Pjanic, Matuidi, Douglas Costa, Higuain (93' Szczesny), Mandzukic – In panchina: Cuadrado, Marchisio, Asamoah, Rugani, Sturaro - All.: M. Allegri

ARBITRO: Oliver (Inghilterra)

RETI: 2' e 37' Mandzukic 61' Matuidi, 93' Ronaldo (rig.)

NOTE: Stadio Santiago Bernabeu - Espulso Buffon, ammoniti: Carvajal, Marcelo, Pjanic, Mandzukic, Lichtsteiner, Alex Sandro, Douglas Costa e Benatia

Guardala su Youtube!

JUVENTUS – MILAN 4-0

Roma, 09/05/2018 – Coppa Italia

Finale di Coppa Italia che si disputa in una partita secca allo Stadio Olimpico di Roma. La Juve nei turni precedenti ha superato nell'ordine Genoa, Torino e Atalanta ed arriva a questa finale con il ruolo di favorita. Nel primo tempo però il match risulta equilibrato, con le due squadre che mantengono un ritmo basso e sembrano più attente a non scoprirsi che a offendere.

Nella ripresa, dopo un buon avvio dei rossoneri, alla Juve basta premere per qualche minuto il piede sull'acceleratore per chiudere la partita. In soli otto minuti Benatia (doppietta) e Douglas Costa affondano il Milan, complici le disattenzioni della difesa e soprattutto le incertezza del giovane portiere Donnarumma. Alla mezz'ora l'autorete di Kalinic di testa rende il passivo ancora più pesante per i rossoneri. Serata particolarmente amara per l'ex Leonardo Bonucci che indossa la fascia di capitano del Milan. La Juventus si aggiudica senza difficoltà la sua tredicesima Coppa Italia.

JUVENTUS: Buffon; Cuadrado, Barzagli, Benatia, Asamoah; Khedira, Pjanic (42' st Marchisio), Matuidi; Douglas Costa (28' st Bernardeschi), Dybala (38' st Higuain); Mandzukic – In panchina: Szczesny, Pinsoglio, De Sciglio, Howedes, Rugani, Lichtsteiner, Alex Sandro, Sturaro, Bentancur - All.: M. Allegri

MILAN: G. Donnarumma; Calabria, Bonucci, Romagnoli, Rodriguez; Kessie, Locatelli (36' st Montolivo), Bonaventura; Suso (22' st Borini), Cutrone (16' st Kalinic), Calhanoglu – In panchina: A. Donnarumma, Storari, Musacchio, Abate, Antonelli, Zapata, Biglia, Mauri, André Silva - All.: R. Gattuso

ARBITRO: Damato

RETI: 11' st Benatia, 16' st Costa, 19' st Benatia, 31' st Kalinic (aut.)

NOTE: Stadio Olimpico - Ammoniti: Costa, Calabria

Guardala su Youtube!

JUVENTUS – ATLETICO MADRID 3-0

Torino, 12/03/2019 – Champions League

E' il primo anno di Cristiano Ronaldo alla Juventus. Il cammino in Champions parte bene con una vittoria nel girone, 15 punti e primato davanti al Chelsea. Agli ottavi ci tocca l'Atletico Madrid di Simeone, sempre un brutto cliente per chiunque. All'andata la luce si spegne, sconfitta secca per 2-0 senza mai dare l'impressione di essere in partita. Per il ritorno a Torino, Allegri schiera una formazione diversa e ingabbia l'avversario. Il resto lo fanno la grinta dei giocatori, l'entusiasmo dei tifosi e – soprattutto – la classe infinita di CR7. Due reti di testa, frutto di potenza e coordinazione, ed un rigore decisivo trasformato a pochi minuti dalla fine con calma glaciale.

La Juve passa il turno e sogna di cambiare il proprio destino in questa competizione. Sarà l'Ajax dei giovani talenti (capitano deLigt) a spegnere gli entusiasmi, eliminandoci ai quarti. La sera contro l'Atletico resta comunque una delle piu' emozionanti partite europee della storia recente juventina.

JUVENTUS: Szczesny, Cancelo, Bonucci, Chiellini, Spinazzola (21'st Dybala); Can, Pjanic , Matuidi; Bernardeschi, Mandzukic (35'st Kean), Ronaldo - In panchina: Perin, Rugani, Caceres, Nicolussi, Bentancur - All.: M. Allegri.

ATLETICO MADRID: Oblak; Arias (30'st Vitolo), Godin, Gimenez, Juanfran; Saùl, Rodrigo, Koke, Lemar (11'st Correa), Griezmann, Morata – In panchina: Adan, Savic, Carro, Montero, Kalinic - All.: D. Simeone.

RICCARDO ANDREASI

ARBITRO: Kuipers (Olanda).

MARCATORI: 27'pt, 4'st e 41'st Ronaldo

NOTE: Juventus Stadium, tutto esaurito - Ammoniti: Bernardeschi, Juanfran, Gimenez, Vitolo

Guardala su Youtube!

2020 – OGGI

Juventus Stadium, la nostra casa

JUVENTUS – INTER 2-0

Torino, 8/03/2020 – Serie A

Partita che rimarrà nella storia come l'ultima giocata prima dello stop al campionato dovuto alla pandemia. Originariamente prevista per il primo marzo, poi rinviata a maggio ed infine disputata a porte chiuse. La Juve ha momentaneamente perso la testa della classifica, superata da una Lazio in gran forma, a differenza dei bianconeri che appaiono da tempo in difficoltà. Il derby d'Italia è quindi fondamentale per entrambe le squadre: con la vittoria la Juve tornerebbe in vetta, l'Inter raggiungerebbe invece i bianconeri al secondo posto.

Dopo aver cercato con maggiore insistenza il vantaggio nel primo tempo, i padroni di casa trovano il gol che sblocca la partita al 55': cross rasoterra dal fondo di Matuidi su cui si avventa Ronaldo che non riesce a calciare, il pallone resta lì, al limite dell'area piccola, e Ramsey lo calcia in rete. Passano poco più di dieci minuti e una magia di Dybala, entrato da poco, chiude la partita: serpentina nella difesa nerazzurra, triangolo con Ramsey, dribbling in area e sinistro velenoso che batte Handanovic. La partita finisce nell'incertezza di cosa succederà al campionato di calcio (e non solo). La sospensione durerà oltre tre mesi e la giornata successiva si disputerà solo il 22 giugno.

JUVENTUS: Szczesny, Cuadrado, De Ligt, Bonucci, Alex Sandro (78' De Sciglio), Ramsey, Bentancur, Matuidi, Douglas Costa (59' Dybala), Higuain (80' Bernardeschi), Ronaldo – In panchina: Buffon, Pinsoglio, Danilo, Rugani, Chiellini, Pjanic, Khedira, Rabiot – All.: M. Sarri

INTER: Handanovic, Skriniar, De Vrij, Bastoni, Candreva (74' Gagliardini), Vecino, Brozovic, Barella (59' Eriksen), Young, Martinez, Lukaku (77' Sanchez) – In panchina: Padelli, Berni, Godin, Ranocchia, Asamoah, Borja Valero, Esposito, D'Ambrosio, Biraghi – All.: A. Conte

ARBITRO: Guida

RETI: 55' Ramsey, 67' Dybala

NOTE: Juventus Stadium – Partita giocata a porte chiuse per pandemia Covid-19 – Ammoniti Ronaldo, Skriniar, Vecino, Brozovic – Espulso Padelli dalla panchina

Guardala su Youtube!

JUVENTUS – SAMPDORIA 2-0

Torino, 29/07/2020 – Serie A

Trentaseiesima giornata di serie A, è la partita che sancisce l'ennesimo scudetto bianconero, il nono (!) di fila. La stagione è iniziata con un nuovo allenatore, Maurizio Sarri, che ha ricevuto la pesante eredità di Allegri. La squadra ha cominciato a mostrare alcuni limiti strutturali già intravisti l'anno prima e spesso solo le prodezze di Ronaldo e Dybala la tengono a galla. A complicare la situazione, a marzo interviene la pandemia che sconvolge anche il mondo del calcio, causando una sospensione del campionato per oltre tre mesi. Prima della pausa la nostra maggiore antagonista è la Lazio che crollerà però alla ripresa.

La partita con la Sampdoria è un'occasione troppo ghiotta per essere sprecata: a sfruttarla ci pensano prima Cristiano Ronaldo, che calcia al volo una palla ricevuta su punizione rasoterra da Pjanic, poi Bernardeschi che spinge in rete la corta respinta di Audero, sempre su tiro di CR7. Le ultime due giornate coincideranno con due sconfitte, ininfluenti. In una stagione lunghissima e dall'andamento imprevedibile, la Juve conquista il suo 38° scudetto, il nono consecutivo.

JUVENTUS: Szczesny, Danilo (29′ pt Bernardeschi), De Ligt (33′ st Rugani), Bonucci, Alex Sandro, Rabiot, Pjanic (33′ st Bentancur), Matuidi, Cuadrado, Dybala (40′ pt Higuain), Ronaldo – In panchina: Buffon, Pinsoglio, Zanimacchia, Demiral, Ramsey, Muratore, Olivieri - All. M. Sarri.

SAMPDORIA: Audero, Yoshida, Tonelli, Chabot (22′ pt Leris), Depaoli, Thorsby, Linetty, Jankto (28′ st Gabbiadini), Augello, Ramirez (46′ st Maroni), Quagliarella

– In panchina: Seculin, Falcone, Bonazzoli, Askildsen, La Gumina, Gabbiadini, Ferrari, Murru, Rocha, Bertolacci - All.: C. Ranieri.

ARBITRO: Fourneau

RETI: 51' Ronaldo, 67' Bernardeschi.

NOTE: Juventus Stadium, porte chiuse per misure Covid19 – Espulso al 77' Thorsby, ammoniti: Pjanic, Thorsby, Tonelli, Jankto, Bernardeschi, Cuadrado, Rabiot, Depaoli

Guardala su Youtube!

BARCELLONA – JUVENTUS 0-3

Barcellona, 08/12/2020 – Champions League

La 'nuova' Juve di Andrea Pirlo ha concluso la prima metà del girone di Champions con 6 punti, frutto di due vittorie contro Dinamo Kiev e Ferencvaros e di una secca sconfitta interna col Barcellona. Nonostante altre due vittorie, i bianconeri restano al secondo posto alle spalle dei catalani. Il ritorno al Camp Nou - all'ultima giornata - è l'occasione per misurare la crescita della squadra ed il lavoro del nuovo staff tecnico. La supremazia bianconera è subito evidente e si concretizza dopo nemmeno un quarto d'ora quando l'arbitro Stieler assegna un rigore, abbastanza generoso, per una spinta in area su Ronaldo. E' lo stesso CR7 – come sempre esaltato dal confronto diretto con l'eterno rivale Messi – a calciare il rigore e trasformarlo. Passano solo sette minuti e la Juve raddoppia con una splendida azione conclusa in acrobazia dallo statunitense Weston McKennie, arrivato in estate dal Borussia Mönchengladbach.

Nei primi minuti del secondo tempo è di nuovo CR7 ad andare in gol, fissando il risultato sul 3-0 finale che consente ai bianconeri, in virtù della differenza reti nel confronto diretto, di conquistare il primo posto nel girone. L'avventura in Champions della Juve di Pirlo si fermerà subito dopo, agli ottavi di finale, contro il Porto (sconfitta 2-1 in Portogallo, inutile vittoria per 3-2 ai supplementari al ritorno).

BARCELLONA: Ter Stegen, Dest, Araujo (82' Mingueza), Lenglet (55' Umtiti), Jordi Alba (55' Junior Firpo), Pjanic, De Jong; Trincao, Messi, Pedri (66' Puig), Griezmann – In panchina: Neto, Inaki Pena, Busquets, Alena, Braithwaite, Coutinho, Matheus, De La Fuente - All.: R. Koeman.

JUVENTUS: Buffon; Danilo, Bonucci, De Ligt, Alex Sandro; Cuadrado (85' Bernardeschi), Arthur (71' Bentancur), McKennie, Ramsey (71' Rabiot); Morata (85' Dybala), Ronaldo (92' Chiesa) – In panchina: Szczesny, Pinsoglio, Dragusin, Frabotta, Portanova, Kulusevski, Da Graca - All.: A. Pirlo.

ARBITRO: Stieler (Germania).

MARCATORI: 13' Ronaldo (rig.), 20' McKennie, 52' Ronaldo

NOTE: Stadio Camp Nou, porte chiuse per misure Covid19 - ammoniti: Jordi Alba. Lenglet, Umtiti, Junior Firpo, Ramsey, Morata, Danilo

Guardala su Youtube!

ATALANTA – JUVENTUS 1-2

Reggio Emilia, 19/05/2021 – Coppa Italia

Al termine di una stagione difficile, la Juventus può vincere il secondo trofeo stagionale (dopo la Supercoppa italiana) nella finale di Reggio Emilia, contro la squadra rivelazione del campionato, l'Atalanta di Gasperini. La partita è in programma alla vigilia dell'ultima giornata di campionato a cui i bianconeri arrivano con un deludente quinto posto, ad un punto dal Napoli. La Juve parte bene e trova il gol con Kulusevski che inizia l'azione di contropiede e, dopo una carambola in area, la conclude con uno splendido sinistro a giro che si insacca a fil di palo. I bergamaschi aumentano la pressione e giungono al pareggio sul finire del primo tempo con un bolide di Malinovski dal limite dell'area.

Nella ripresa è la Juve a cercare con maggiore insistenza il gol, creando diverse occasioni che mettono in apprensione la difesa atalantina, tra le quali un clamoroso palo di Chiesa. Ed è proprio lo stesso Federico Chiesa a segnare il gol vittoria dopo un triangolo con Kulusevski. L'Atalanta a questo punto si riversa in attacco alla ricerca del pareggio ma la difesa juventina, magistralmente guidata da Gigi Buffon alla sua ultima partita in bianconero, resiste fino al fischio finale di Massa. La Juventus si aggiudica la sua quattordicesima Coppa Italia.

ATALANTA: Gollini, Toloi (76' Djimsiti), Romero, Palomino, Hateboer (76' Ilicic), de Roon, Freuler, Gosens (83' Miranchuk), Pessina (68' Pasalic), Malinovskyi (68' Muriel), Zapata - In panchina: Rossi, Sportiello, Maehle, Sutalo, Lammers, Caldara, Ruggeri – All.: G. Gasperini

JUVENTUS: Buffon, Cuadrado, De Ligt, Chiellini, Danilo; McKennie, Bentancur, Rabiot, Chiesa (74' Dybala); Kulusevski (83' Bonucci), Cristiano Ronaldo – In panchina: Szczesny, Pinsoglio, Arthur, Ramsey, Morata, Demiral, Bernardeschi, Frabotta – All.: A. Pirlo

ARBITRO: Massa

MARCATORI: 31' Kulusevski, 41' Malinovskyi, 73' Chiesa

NOTE: Mapei Stadium, spettatori 4.300 (capienza limitata per norme Covid19) - Espulso Toloi all'88' per proteste - Ammoniti: Malinovskyi, Romero, Freuler, de Roon, Ilicic, Chiellini, De Ligt

Guardala su Youtube!

JUVENTUS – CHELSEA 1-0

Torino, 29/09/2021 – Champions League

Il ritorno sulla panchina bianconera di Massimiliano Allegri non ha dato i frutti sperati, perlomeno in campionato dove i risultati nelle prime giornate sono stati disastrosi. In Europa la squadra è invece partita con il piede giusto e – dopo una vittoria per 3-0 in Svezia contro il Malmoe – affronta i campioni in carica del Chelsea di Tuchel sul campo dello Juventus Stadium. Il primo tempo vede entrambe le squadre più attente a non concedere occasioni che a crearne; l'unico squillo bianconero è una conclusione a lato di Chiesa dopo una lunga cavalcata solitaria.

Ad inizio ripresa arriva il gol che determina il risultato finale: Bernardeschi serve un pallone filtrante in area per l'accorrente Chiesa che di sinistro lo spedisce sotto la traversa. Il Chelsea costruirà un paio di occasioni pericolose ma la palla gol più pulita è per Bernardeschi che manca il raddoppio. La vittoria riporta entusiasmo tra i tifosi e la Juve chiuderà il girone al primo posto, nonostante il brutto scivolone al ritorno col Chelsea (0-4). L'avventura europea si chiuderà però subito agli ottavi di finale contro la sorpresa Villareal.

JUVENTUS: Szczesny, Danilo, Bonucci, De Ligt, Alex Sandro, Bentancur (83' Chiellini), Locatelli, Rabiot (77' McKennie), Cuadrado, Bernardeschi (46' Kulusevski), Chiesa (77' Kean) – In panchina: Pinsoglio, Perin, De Sciglio, Rugani - All.: Allegri.

CHELSEA: Mendy, Christensen (75' Barkley), Thiago Silva, Rudiger, Azpilicueta, Kovacic, Jorginho (62' Loftus-Cheek), Alonso (46' Chilwell), Havertz, Ziyech

(62' Hudson-Odoi), Lukaku – In panchina: Kepa, Bettinelli, Werner, Chalobah, Niguez Esclapez, Sarr - All.: Tuchel.

ARBITRO: Manzano (Spagna)

MARCATORI: 46' Chiesa

NOTE: Juventus Stadium, spettatori 19.500 (capienza dimezzata per norme Covid19) - Ammoniti: Cuadrado, Marcos Alonso, Zyech, Rudiger

Guardala su Youtube!

ROMA – JUVENTUS 3-4

Roma, 09/01/2022 – Serie A

Ventunesima giornata, sia Juve che Roma non stanno vivendo la stagione che si aspettavano dopo il cambio di direzione tecnica con allenatori di grande esperienza, come Allegri e Mourinho. L'obiettivo dichiarato è raggiungere il quarto posto che garantisce l'accesso in Champions League. I giallorossi partono subito forte mentre la Juve appare disorientata e senza idee. L'inglese Abraham – dimenticato dai difensori bianconeri su un calcio d'angolo - segna di testa il gol dell'1-0. La Juve alla prima sortita offensiva trova il pareggio con un gran sinistro di Dybala servito da Chiesa che poco dopo si infortunerà gravemente (rottura del crociato, stagione finita anzitempo).

Nel secondo tempo la Juve sembra rimasta negli spogliatoi e subisce due gol in otto minuti che apparentemente chiudono la partita. Ma un improvviso black-out romanista e l'energia dei nuovi entrati bianconeri (Arthur e Morata su tutti) dà vita ad una esaltante rimonta: nel giro di cinque minuti segnano Locatelli di testa,

Kulusevski in mischia e De Sciglio con un gran inserimento concluso con un tiro imparabile. Finita? Non ancora. Il VAR vede un mani in area di de Ligt che viene espulso per doppia ammonizione. Il rigore viene affidato a Pellegrini, già autore di un gol prodezza su punizione, che si fa parare il tiro da Szczesny. Questa pazza partita finisce con i bianconeri a festeggiare sotto il settore dei tifosi ospiti. Una delle poche soddisfazioni di una stagione molto deludente.

ROMA: Rui Patricio, Ibanez, Cristante, Smalling, Matiland-Niles, Pellegrini (43' st Borja Mayoral), Veretout (33' st Carles Perez), Mkhitaryan, Vina, Afena-Gyan (26' st Shomurodov), Abraham – In panchina: Mastrantonio, Boer, Calafiori, Reynolds, Zalewski, Kumbulla, Vllar, Bove, El Shaarawy – All.: J. Mourinho.

JUVENTUS: Szczesny, Cuadrado, de Ligt, Rugani, De Sciglio, McKennie, Locatelli, Bentancur (18' st Arthur), Dybala (37' st Chiellini), Kean (19' st Morata), Chiesa (32' pt Kulusevski). A disposizione: Perin, Senko, Pellegrini, Bernardeschi, Rabiot, Kajo Jorge, Akè. Allenatore: Allegri.

ARBITRO: Massa

RETI: 11' pt Abraham, 18' pt Dybala, 3' st Mkhitaryan, 8' st Pellegrini, 25' st Locatelli, 27' st Kulusevski, 32' st De Sciglio

NOTE: Stadio Olimpico, spettatore 33.000 – Espulso al 36' st De Ligt (doppia ammonizione), ammoniti: Veretout, Ibanez, Cristante, Cuadrado, De Ligt, Locatelli

Guardala su Youtube!

JUVENTUS – INTER 2-0

Torino, 06/11/2022 – Serie A

Seconda stagione dell'Allegri-bis con tanti movimenti nel mercato estivo: arrivano Pogba, Di Maria, Paredes, Kostic, Milik, Gatti e Bremer mentre salutano la maglia bianconera capitan Chiellini, Dybala, De Ligt, Artur, Zakaria, Morata e Bernardeschi. L'inizio di stagione è difficile, sia in campionato che in Champions, e viene illuminato solo da alcune partite memorabili come questa. Sia la Juve che l'Inter si approcciano al big match con l'esigenza di fare punti per rientrare nelle prime quattro della classifica. Nel primo tempo sono più pericolosi gli ospiti con Dzeko e Dumfries ma la Juve si difende con ordine. Nella ripresa la musica cambia e passiamo in vantaggio con un gran gol di Rabiot servitoda Kostic dopo una poderosa cavalcata sulla fascia sinistra. Il VAR, come sempre, annulla in modo surreale il gol del raddoppio segnato da Danilo e l'Inter spreca l'occasione del pareggio con Lautaro. Ma Kostic oggi è scatenato: prima colpisce il palo con un diagonale velenoso, poi serve a Fagioli l'assist del gol che chiude definitivamente la partita. Il derby d'Italia, ancora una volta, è bianconero. La superiorità stagionale sui nerazzurri verrà confermata anche al ritorno: il 19 marzo 2023 la Juve espugna San Siro con un gol del solito Kostic.

JUVENTUS: Szczesny, Danilo, Bremer, Alex Sandro, Cuadrado, Fagioli, Locatelli, Rabiot, Kostic, Miretti (36' st Di Maria), Milik (28' st Chiesa) – In panchina: Pinsoglio, Perin, Gatti, Bonucci, Rugani, Soulé. Allenatore: Allegri

INTER: Onana; Skriniar (36' st Darmian), De Vrij, Acerbi, Dumfries (37' st Bellanova), Barella, Calhanoglu (29' st Correa), Mkhitaryan (37' st Brozovic), Dimarco (29' st Gosens), Dzeko, Lautaro – In panchina: Handanovic, Cordaz, Gagliardini, Asllani, D'Ambrosio, Carboni, Bastoni. Allenatore: Inzaghi

ARBITRO: Doveri

RETI: 52' Rabiot, 84' Fagioli

NOTE: Juventus Stadium, 40.387 spettatori – Ammoniti: Danilo, Szczesny; Calhanoglu, Skriniar.

Guardala su Youtube!

JUVENTUS – TORINO 4-2

Torino, 28/02/2023 – Serie A

Precisa come un'orologio svizzero, anche quest'anno arriva la consueta inchiesta giudiziaria contro la Juve. L'oggetto del contendere, questa volta, sono le plus-valenze, una pratica utilizzata da tutte le squadre di calcio da decenni ed in modo molto piu' rilevante ai fini del bilancio rispetto a quanto abbia fatto la Juve. Ma si sa come funziona: titoli "Cosa rischia la Juve?", pressione mediatica e una giustizia sportiva insolitamente solerte che a gennaio ci commina 15 punti di penalizzazione mettendo virtualmente la parola fine sulla nostra stagione sportiva. Prima della fine del campionato la situazione si farà addirittura grottesca, con punti che vengono tolti e ridati apparentemente in modo casuale.

Nel mezzo di questa vicenda, che porterà anche ad un cambio di tutta la dirigenza, la squadra cerca di rimanere concentrata sulle vicende di campo e in occasione del derby della Mole sfodera una buona prestazione contro il malcapitato Torino. Il doppio vantaggio granata del primo tempo verrà ribaltato nella ripresa dai gol di Danilo, dell'ex Bremer e di Rabiot. A causa della penalizzazione inflittaci, chiuderemo il campionato al settimo posto, esclusi dall'accesso alla Champions League guadagnato sul campo. Per il secondo anno consecutivo, nessun nuovo trofeo in bacheca.

JUVENTUS: Szczesny, Danilo, Bremer (45' st Bonucci), Alex Sandro, Cuadrado (23' st De Sciglio), Fagioli, Barrenechea (23' st Pogba), Rabiot, Kostic; Di Maria (23' st Chiesa); Vlahovic (41' st Kean) – In panchina: Perin, Pinsoglio, Gatti, Rugani, Iling-Junior, Paredes, Soulé. Allenatore: Allegri.

TORINO: Milinkovic-Savic, Djidji, Schuurs, Buongiorno, Singo, Linetty (29' st Ricci), Ilic, Rodriguez (29' st Vovjoda), Miranchuk, Karamoh (14' st Radonjic, 29' st Seck), Sanabria – In panchina: Gemello, Fiorenza, Bayeye, Gravillon, Adopo, Gineitis, N'Guessan. Allenatore: Juric.

ARBITRO: Chiffi

RETI: pt 2' Karamoh, 16' Cuadrado, 43' Sanabria, 46' Danilo, 71' Bremer, 81' Rabiot.

NOTE: Juventus Stadium, 37.806 spettatori – Ammoniti: st 15' Rodriguez, 50' Ricci

Guardala su Youtube!

JUVENTUS – ROMA 1-0

Torino, 30/12/2023 – Serie A

La stagione 2023-24 è la prima senza coppe europee dal 2011/12, l'anno dell'arrivo di Antonio Conte sulla nostra panchina che segna l'inizio dell'incredibile serie di nove scudetti consecutivi. Il mercato estivo ovviamente risente di questa circostanza e l'unico acquisto è quello di Weah dal Lille, cui si uniscono Cambiaso e McKennie di rientro dai rispettivi prestiti. Al suo terzo anno dal ritorno sulla panchina bianconera, Allegri sembra aver finalmente trovato la quadra: la squadra si schiera con un solido 3-5-2, ritrova la grinta dei tempi migliori e vince tante partite di misure, speculando sui pochi gol realizzati.

Il giorno prima di dell'ultimo dell'anno, arriva a Torino la Roma di Josè Mourinho ed i padroni di casa interpreano il copione del "corto muso" allegriano con inesorabile cinismo. Partita tattica nel primo tempo con qualche sporadica occasione da ambo le parti e poi, in apertura di ripresa, il gol di Rabiot che spacca il match. I giallorossi proveranno a pareggiare ma sarà la Juve ad andare piu' vicina al gol. Prosegue la rincorsa alla corazzata Inter in attesa che anche il gioco migliori sulla scorta dei tanti risultati positivi consecutivi.

JUVENTUS: Szczesny, Gatti, Bremer, Danilo, Weah, McKennie (51' st Rugani), Locatelli, Rabiot, Kostic (31' st Iling-Junior), Yildiz (20' st Chiesa), Vlahovic (31' st Milik) - In panchina: Perin, Pinsoglio, Huijsen, Miretti, Nicolussi Caviglia, Nonge. Allenatore: Allegri.

ROMA: Rui Patricio, Mancini, Llorente, Ndicka, Kristensen, Cristante, Paredes (29' st El Shaarawy), Bove (19' st Pellegrini), Zalewski (34' st Azmoun), Dybala, Lukaku – In panchina: Boer, Svilar, Karsdorp, Belotti, Celik, Renato Sanches, Spinazzola, Pagano, Pisilli. Allenatore: Mourinho.

ARBITRO: Sozza

RETI: 2' st Rabiot.

NOTE: Juventus Stadium, 41.503 spettatori – Ammoniti: Locatelli, Paredes

Guardala su Youtube!

ATALANTA – JUVENTUS 0-1

Roma, 15/05/2024 – Coppa Italia

Al termine di una stagione deludente, segnata da un girono di ritorno disastroso (19 punti nelle ultime 17 partite), la Juve ha l'occasione dopo due anni di tornare a vincere un trofeo. La finale si disputa come da tradizione a Roma e ci vede opposti ad una Atalanta in gran forma, pronta a giocarsi pochi giorni dopo la finale di Europa League. Nonostante lo sfavore del pronostico. i bianconeri partono forte e si portano subito in vantaggio con Vlahovic servito di prima da Cambiaso.

Dopo un primo tempo abbastanza noioso, la partita si anima nella ripresa. Dopo un rigore clamorosamente negatoci per uno spintone su Vlahovic, l'Atalanta preme e colpisce il palo con Lookman. Il VAR si risveglia per annullare il raddoppio di Dusan individuando un millimetrico fuorigioco. Miretti prende la traversa, i bergamaschi ci provano ma resistiamo senza troppi affanni fino alla fine. La Coppa è nostra per la quindicesima volta. Da segnalare il siparietto nel recupero di Allegri che, esasperato da una stagione difficile e dal solito arbitraggio a senso unico, perde la testa e viene espulso.

ATALANTA: Carnesecchi; De Roon (64' Toloi), Hien, Djimsiti; Zappacosta (59' Hateboer), Ederson, Pasalic (59' Miranchuk), Ruggeri; Koopmeiners; De Ketelaere (59' El Bilal), Lookman – In panchina: Rossi, Musso, Bonfanti, Bakker, Adopo. All. Gasperini

JUVENTUS: Perin; Gatti, Bremer, Danilo; McKennie, Cambiaso, Nicolussi Caviglia (62' Miretti), Rabiot, Iling jr.; Chiesa (69' Yildiz), Vlahovic – In panchina: Pinsoglio, Szczesny, Djalò, Rugani, Alex Sandro, Alcaraz, Weah, Kostic, Milik, Kean. All. Allegri

ARBITRO: Maresca

RETI: 4' Vlahovic

NOTE: Stadio Olimpico, 66.854 spettatori – Ammoniti: Hien, Djimsiti, Vlahovic. Espulso: Allegri.

Guardala su Youtube!

LIPSIA – JUVENTUS 2-3

Lipsia, 2/10/2024 – Champions League

E' la stagione delle novità. Dopo i tre anni dell'Allegri-bis – molto deludenti, pur con diverse scusanti – inizia il nuovo corso voluto dalla società, con Giuntoli che chiama sulla nostra panchina l'emergente Thiago Motta. Il mercato estivo è ricco di entrate e uscite, alcune prestigiose, e l'entusiasmo è alle stelle. Dopo un buon inizio di campionato, pur con qualche pareggio di troppo, riprendiamo anche il nostro percorso in Champions League dopo un anno fuori dalle competizioni internazionali.

La seconda giornata ci porta su un campo difficile, quello del Lipsia, la squadra tedesca della Red Bull. Nei primi minuti riappaiono subito i soliti fantasmi europei: prima Bremer (crociato e stagione finita) poi Nico Gonzales devono lasciare il campo. E alla mezz'ora arriva anche il gol dei tedeschi. Ma la squadra non si perde d'animo e continuare a giocare come sa fino a quando a inizio ripresa arriva il pareggio, uno splendido gol di Vlahovic su assist dalla sinistra di Cambiaso.

La situazione sembra però precipitare al 63' quando, dopo essere rimasti in dieci per l'espulsione di Di Gregorio (tocco di mano fuori area), ancora Sesko trasforma il rigore assegnato dal VAR per una deviazione di gomito di Douglas Luiz. Sembra tutto finito, ma il nostro motto – mai come in questa situazione - si rivela meritato. Prima Vlahovic pareggia da fuori area, poi Conceicao segna il gol vittoria dopo un dribbling ubriacante in area. Gli ultimi minuti li passiamo in difesa prima di fe9steggiare una vittoria esterna europea come non ne vedevamo da troppi anni.

LIPSIA: Gulacsi, Geertruida (87' Vermeeren), Orban, Lukeba, Raum, Baumgart-ner (45' Henrichs), Haidara, Seiwald (87' Poulsen), Simons, Openda (91' André Silva), Sesko - In panchina: Vandervoordt, Bitshiabu, Elmas, Klostermann, Gebel. Allenatore: Rose

JUVENTUS: Di Gregorio, Savona (60' Douglas Luiz), Kalulu, Bremer (6' Gat-ti), Cambiaso; Fagioli, Nico Gonzalez (12' Conceicao), McKennie, Koopmeiners, Yildiz (59' Perin), Vlahovic - In panchina: Pinsoglio, Locatelli, Danilo, Thuram, Cabal, Rouhi, Mbangula. Allenatore: Thiago Motta

ARBITRO: Letezier (Francia)

RETI: 30', 63' rig. Sesko (L) 49', 68' Vlahovic; 83' Conceicao

NOTE: Red Bull Aresa, tutto esaurito. Ammoniti: Raum, Conceicao. Espulso: Di Gregorio.

Guardala su Youtube!

JUVENTUS – INTER 4-3

Torino, 13/9/2025 – Serie A

Dopo l'ennesima stagione deludente, ci affidiamo al confermato Igor Tudor e al gruppo dello scorso anno rivisto dalle scelte del nuovo DG Comolli (out Nico Gonzales, Mbangula, Savona, Weah, Alberto Costa e Douglas Luiz; dentro Joao Mario, Kostic e Rugani a fine prestito, David, Openda e Zhegrova).

Il derby d'Italia arriva già alla terza giornata. Nei primissimi minuti l'Inter prova a imporre il ritmo, ma la Juve tiene grazie a una difesa concentrata e qualche buona chiusura di Kelly e Bremer. La prima svolta arriva al 14': Bremer smista un pallone volante per Kelly che, con freddezza, piazza di sinistro all'angolino. 1-0 Juve.

L'Inter però risponde prima della mezz'ora: cross da sinistra di Carlos Augusto, la palla finisce a Çalhanoğlu che lascia partire il sinistro con il piatto, preciso, che batte Di Gregorio. 1-1. La Juventus non si scompone e al 38' trova il nuovo vantaggio: lancio di Bremer, Yildiz controlla, si gira e lascia partire un tiro potente da 25 metri che finisce all'angolino: è gol, 2-1 Juve.

Il secondo tempo inizia con una Juve schiacciata e un Inter propositiva, alla ricerca del pareggio, che arriva al 65': bella giocata corale, sponda aerea e poi Çalhanoğlu controlla e scarica da fuori area un destro perfetto. 2-2. Poco dopo, al 76', Marcus Thuram di testa su angolo di Dimarco mette dentro il 3-2 per l'Inter: primo vantaggio nerazzurro nella partita.

La risposta bianconera non si fa attendere: all'82' Kenphaen Thuram (Khéphren) risponde al fratello Marcus con un colpo di testa potente da punizione di Yildiz, che taglia in area. 3-3. Quando la partita sembra destinata al pareggio, entra in scena il giovane Vasilije Adzic: è suo il gol che decide il match. In pieno recupero, controllo, preparazione e un gran sinistro da fuori che fa esplodere lo stadium. 4-3 Juve.

JUVENTUS: Di Gregorio; Gatti (34' st David), Bremer, Kelly; Kalulu, Locatelli (28' st Cabal), K. Thuram, McKennie (34' st Joao Mario); Koopmeiners (28' st Adzic), Yildiz; Vlahovic (28' st Openda). A disp.: Perin, Pinsoglio, Kostic, Rugani. All.: Tudor

INTER: Sommer; Akanji, Acerbi, Bastoni; Dumfries (32' st Darmian), Barella (19' st Zielinski), Calhanoglu (36' st Sucic), Mkhitaryan, Carlos Augusto (19' st Dimarco); Lautaro (19' st Bonny), Thuram. A disp.: J. Martinez, Di Gennaro, Bisseck, De Vrij, Frattesi, Diouf, Luis Henrique, P. Esposito. All.: Chivu

ARBITRO: Colombo

RETI: 14' Kelly (J), 30' Calhanoglu (I), 38' Yildiz (J), 20' st Calhanoglu (I), 31' st M. Thuram (I), 38' st K. Thuram (J), 47' st Adzic (J)

NOTE: Allianz Stadium, tutto esaurito. Ammoniti: Koopmeiners, Locatelli (J), Mkhitaryan (I).

Guardala su Youtube!

I campioni del cuore

Un tifoso si innamora di tutti i campioni che gli regalano momenti di gioia. Nel caso di un tifoso juventino cinquantenne questo significa che si è innamorato di decine, se non di centinaia di giocatori diversi visto il numero impressionante di trofei conquistati nell'ultimo mezzo secolo.

Per realizzare la mia personalissima top ten ho quindi dovuto utilizzare alcuni criteri per ridurne il numero:

Anni di militanza – Ci sono giocatori che mi sono rimasti nel cuore ma hanno giocato per pochi anni con la maglia della Juve per essere inseriti in questa graduatoria. Tra questi meritano una menzione speciale – per restare ai tempi recenti – Carlos Tevez e Cristiano Ronaldo.

Qualità tecniche – Personalmente ho sempre amato i faticatori, i giocatori che in campo mettono il 101% di se stessi, quelli che sembrano disposti a morire per la maglia. Mi rendo però conto che in una top ten devono lasciare il posto a campioni cui la natura ha regalato un talento superiore. Qualche nome? Paolo Montero, Sergio Brio, Beppe Furino, Moreno Torricelli ...

Contributo ai risultati – Alla fine il nostro motto è *"Vincere non è importante, è l'unica cosa che conta"*, quindi per finire negli indimenticabili bisogna aver contribuito in maniera significativa a degli importanti successi della nostra Juve. Per questo ho escluso, ad esempio, campioni come Zinedine Zidane o Roberto Baggio che alla Juve hanno portato lampi di genialità in campo ma pochi trofei in bacheca.

Attaccamento ai colori - Ci sono giocatori talentuosi che hanno giocato per alcuni in bianconero ma sono comunque esclusi da questa lista per motivi di "fedeltà". E' vero, sono professionisti e tutti i discorsi che conosciamo benissimo. Ma al tifoso non fa mai piacere quando un suo beniamino lo "tradisce", che sia a parole o vestendo i colori di una rivale storica non importa. Tra i più illustri esempi di questa categoria cito Antonio Conte e Zibì Boniek.

Tutti questi criteri razionali mi hanno aiutato ma l'elemento chiave nella mia scelta è stata l'emozione legata ai ricordi. Pertanto, sono perfettamente consapevole che l'elenco che segue, in rigoroso ordine alfabetico, sia del tutto opinabile. In fondo al libro trovate la mia email alla quale potete inviare la vostra lista. Aspetto i vostri suggerimenti!

Roberto Bettega

"La Juventus è stata una delle ragioni della mia vita. Amo questa squadra, questa società e questi colori"

Nato a Torino il 27 dicembre del 1950, Bobby Gol è stata una bandiera juventina in campo e dietro la scrivania. Entrato nelle nostre giovanili nel 1961, ha sempre vestito la nostra maglia fino al 1983 (ad eccezione di una stagione in prestito a Varese).

In prima squadra ha collezionato 490 presenze e segnato ben 179 reti, vincendo 7 scudetti, 1 Coppa Italia ed 1 Coppa Uefa. Attaccante moderno, ha fatto anche le fortune della Nazionale dove vanta 42 presenze impreziosite da 19 reti. Nel 1994 Umberto Agnelli lo chiamò in società con il ruolo prima di amministratore delegato e poi di vicepresidente. Con Antonio Giraudo e Luciano Moggi formò la cosiddetta "Triade", una compagine dirigenziale che riportò la Juve ai vertici mondiali per un decennio. Uscito indenne dallo scandalo montato contro la Juve nel 2006, tornò per alcuni mesi in società nel 2010 prima dell'arrivo di Andrea Agnelli.

Gianluigi Buffon

Possono cambiare gli uomini, possono cambiare i dirigenti, però quello che ha di forte questa società sono i giocatori cui è stata tramandata una voglia di vincere, di primeggiare, che non è pari in nessuna altra squadra.

Nato a Carrara il 28 gennaio 1978, è considerato uno dei più grandi portieri nella storia del calcio. Ha difeso la porta della Juve per ben 19 stagioni: dal 2001 al 2018 e – dopo una breve parentesi a Parigi – dal 2019 al 2021. In totale ha disputato 685 partite in maglia bianconera battendo diversi record (ad esempio, è il calciatore con più minuti giocati nella Juventus). Detiene inoltre il primato di calciatore con più presenze nella storia della serie A (657) e della Nazionale (176, di cui ben 80 da capitano). Con la Juve ha vinto 12 scudetti (record assoluto), 6 Coppe Italia e

6 Supercoppe Italiane. Nel 2006 è sceso in serie B con la Juve da Campione del Mondo.

Antonio Cabrini

La Juventus non è solo la mia squadra del cuore. Non sono solo un tifoso mi sento un suo amante. Con la Juve sono cresciuto, lì ho passato gli anni più belli della mia vita. Ho dato il meglio di me e a volte, con grande incoscienza, sono anche andato oltre.

Nato a Cremona nel 1957, il "Bell'Antonio" è stato una bandiera della Juve anni '70/80. Ha vestito la maglia bianconera per 13 stagioni, collezionando 442 presenze e 52 reti. Con la Juve ha vinto tutto quello che era possibile vincere: 6 scudetti, 2 Coppe Italia, 1 Coppa dei Campioni, 1 Coppa delle Coppe, 1 Coppa UEFA, 1 Supercoppa Europea ed 1 Coppa Intercontinentale. A coronamento di una carriera eccezionale, è stato anche Campione del Mondo con la nostra Nazionale nel 1982.

Giorgio Chiellini

(Il giorno dell'addio) "Questa maglia non va indossata, va cucita sulla pelle. Chi lo capisce ne diventa leggenda!"

Nato a Pisa nel 1984, è arrivato alla Juve nel 2005 e da allora ha vestito la nostra maglia per ben 18 stagioni, collezionando oltre 561 presenze (3° di sempre) e segnando 36 reti. Con Buffon, Barzagli e Bonucci ha formato una delle linee difensive più vincenti della storia bianconera. Alla Juve ha vinto 10 scudetti, 5 Coppe Italia e 5 Supercoppe italiane. In maglia azzurra ha disputato oltre 113 partite ed ha alzato, da capitano, la Coppa di Campioni d'Europa nel 2021.

Alessandro Del Piero

"Perché da Campione del Mondo ho seguito la Juve in serie B? Un cavaliere non lascia mai la sua Signora."

Nato a Conegliano il 9 novembre 1974, Pinturicchio – come lo soprannominò l'Avvocato – è stato una bandiera della Juventus, di cui ha indossato la fascia di capitano per ben 11 stagioni. Arrivato a Torino nel 1993, ha vestito la nostra maglia senza interruzioni (serie B compresa, da Campione del Mondo) fino alla vittoria dello scudetto nel 2012. In bianconero ha disputato 705 partite e segnato 290 gol (entrambi record assoluti). Con la Juve ha vinto 8 scudetti, 1 Coppa Italia, 4 Supercoppe Italiane, 1 Champions League, 1 Coppa Intercontinentale, 1 Supercoppa UEFA, 1 Coppa Intertoto. In Nazionale ha giocato 91 partite, segnando 27 gol (quarto di sempre) e vincendo il Campionato del Mondo del 2006 in Germania.

Pavel Nedved

"La Juventus mi ha dato tutto. Qui ho acquistato la mia mentalità vincente, quella che ti fa dire che ogni partita è una battaglia. Ho imparato ad essere esigente con me stesso e come affrontare e superare le difficoltà."

Nato a Cheb – allora Cecoslovacchia – nel 1972, ha legato il suo nome a quello della Juve prima in campo e poi come dirigente. Arrivò a Torino nel 2001 dalla Lazio e divenne ben presto un idolo dei tifosi. Ha chiuso la carriera in bianconero nel 2009, dopo 8 stagioni nelle quali ha collezionato 327 presenza e segnato 65 reti. Con la nostra maglia ha vinto 4 scudetti, 2 Supercoppe italiane e – a livello personale - un Pallone d'Oro nel 2003. Ha dimostrato il suo amore per i nostri colori scendendo in serie B nel 2006 e rinunciando alla chiamata dell'Inter a fine carriera. Nel 2010 ha iniziato la sua nuova vita bianconera come dirigente, prima in veste di Consigliere di Amministrazione e poi – dal 2015 – come Vicepresidente della Juventus.

Michel Platini

"Per me Juventus vuol dire storia del calcio. Una storia fatta da squadre indimenticabili e da giocatori che con il loro agonismo e la loro genialità hanno scritto alcune delle pagine più belle ed importanti nel libro del calcio mondiale."

Francese, classe 1955, Le Roi è stato una bandiera della Juventus anni '80 ed uno dei maggiori talenti che abbiano mai vestito la nostra maglia. In cinque stagioni a Torino (1982-1987) ha disputato 224 partite segnando 104 gol (per tre anni di fila capocannoniere della serie A). In bianconero ha vinto tutto: 2 scudetti, 1 Coppa Italia, 1 Coppa dei Campioni, 1 Coppa delle Coppe, 1 Coppa Intercontinentale ed 1 Supercoppa UEFA. E' stato premiato per tre anni consecutivi con il Pallone d'Oro ed ha trascinato la nazionale francese al primo successo della sua storia (Europeo 1984).

Gaetano Scirea

"La Juve è qualcosa di più di una squadra, non so dire cosa, ma sono orgoglioso di farne parte."

Nato a Cernusco sul Naviglio nel 1953, è uno dei simboli della storia juventina, riconosciuto universalmente per la sua classe e correttezza sia in campo che fuori. Arrivò a Torino nel 1974 e vestì la nostra maglia fino al giorno del ritiro, nel 1988, dopo ben quattordici stagioni. In bianconero ha giocato 554 partite (3° di sempre), segnato 32 reti e vinto tutto quello che era possibile vincere: 7 scudetti, 2 Coppe Italia, 1 Coppa dei Campioni, 1 Coppa delle Coppe, 1 Coppa UEFA, 1 Coppa Intercontinentale, 1 Supercoppa UEFA. È stato Campione del Mondo con la Nazionale azzurra nel 1982. Scomparve il 3 settembre 1989 in un incidente stradale in Polonia, dove si era recato in veste di osservatore per conto della Juventus. A lui è dedicata la curva Sud dello Juventus Stadium.

David Trezeguet

(Al momento dell'addio) "Ho voglia di piangere, sinceramente quello che ha fatto la Juve per me non lo potrò mai dimenticare. È qualcosa di unico quello che mi è successo qui, mi resterà dentro per sempre."

Attaccante francese classe 1977, è stato il più prolifico attaccante straniero della storia bianconera. Nelle dieci stagioni trascorse alla Juve (2000-2010) ha segnato infatti 171 gol in 320 partite, vincendo 4 scudetti e 2 Supercoppe italiane. Nel 2006 è sceso in serie B da vicecampione del Mondo. Con la nazionale francese ha vinto un Campionato del Mondo (1998) ed un Campionato Europeo (2000), segnando il gol decisivo nella finale con l'Italia. Tra il 2015 ed il 2021 ha rivestito ruoli di rappresentanza per conto della Juve (prima Presidente delle Juventus Legends, poi Brand Ambassador).

Gianluca Vialli

"Nei miei anni in bianconero non è mai entrato un dirigente a dirci: 'Mi raccomando, oggi giochiamo bene'. Più e più volte, la frase era: 'Mi raccomando, oggi vinciamo'."

Il capitano nella notte di Roma nel 1996 quando alzammo la nostra ultima Coppa dei Campioni. Nato a Cremona nel 1954, dopo aver trascorso tanti anni in maglia blucerchiata creando una tandem d'attacco storico con Roberto Mancini, arrivò alla Juventus nel 1992 per la cifra record di 40 miliardi di lire. Ha militato nelle nostre fila per quattro stagioni (1992-1996), segnando 53 reti in 145 partite e vincendo 1 scudetto, 1 Coppa Italia, 1 Champions League ed 1 Coppa UEFA. Scomparso prematuramente nel 2023, ha lasciato un vuoto nel cuore di tutti gli appassionati di calcio.

Numeri bianconeri

PALMARES JUVENTINO

La nostra bacheca vanta al momento oltre 70 trofei ufficiali, 61 nazionali ed 11 internazionali.

38 Scudetti – Campionato italiano Serie A

1905; 1925-1926; 1930-1931; 1931-1932; 1932-1933; 1933-1934; 1934-1935; 1949-1950; 1951-1952; 1957-1958 (Prima Stella); 1959-1960; 1960-1961; 1966-1967; 1971-1972; 1972-1973; 1974-1975; 1976-1977; 1977-1978; 1980-1981; 1981-1982 (Seconda Stella); 1983-1984; 1985-1986; 1994-1995; 1996-1997; 1997-1998; 2001-2002; 2002-2003; 2004-2005; 2005-2006 (Terza Stella); 2011-2012; 2012-2013; 2013-2014; 2014-2015; 2015-2016; 2016-2017; 2017-2018; 2018-2019; 2019-2020

14 Coppe Italia

1937-1938; 1941-1942; 1958-1959; 1959-1960; 1964-1965; 1978-1979; 1982-1983; 1989-1990; 1994-1995; 2014-2015; 2015-2016; 2016-2017; 2017-2018; 2020-2021; 2023-24.

9 Supercoppe italiane

1995; 1997; 2002; 2003; 2012; 2013; 2015; 2018; 2020

2 Coppe Intercontinentali

1985; 1996

2 Coppe dei Campioni / Champions League

1984-1985; 1995-1996

1 Coppa delle Coppe

1983-1984

3 Coppe UEFA

1976-1977; 1989-1990; 1992-1993

2 Supercoppe UEFA

1984; 1996

1 Coppa Intertoto

1999

Nel 1988 la UEFA ha conferito alla Juventus una speciale targa celebrativa (c.d. Targa UEFA) come riconoscimento per essere stata la prima squadra a vincere tutte le competizioni europee per club. Ad oggi la Juve è l'unica squadra italiana ad aver raggiunto tale obiettivo, mentre a livello continentale sono riuscite nell'en plein anche Bayern Monaco, Ajax, Chelsea e Manchester United.

LE 50 STELLE BIANCONERE

Uno degli aspetti principali e identitari dello Juventus Stadium è il cosiddetto "Cammino delle Stelle", un percorso che conduce alla parte alta delle gradinate e celebra i calciatori che hanno scritto le pagine più importanti della storia del club.

Lungo questo cammino, che i tifosi percorrono abitualmente nei giorni di gara, si trovano incastonate nel pavimento 50 stelle, ognuna dedicata ad un campione bianconero, che compongono un'ideale Walk of Fame juventina.

Le cinquanta leggende bianconere meritevoli di avere una propria stella allo Stadium furono scelte nel 2010 con una votazione fra tutti i fan club ufficiali bianconeri e fra i tifosi iscritti al programma Membership.

Ecco l'elenco delle stelle in ordine alfabetico (per cognome):

• Pietro Anastasi

• Roberto Baggio

• Romeo Benetti

• Roberto Bettega

• Carlo Bigatto I

• Giampiero Boniperti

• Felice Borel II

• Sergio Brio

• Gianluigi Buffon

• Antonio Cabrini

• Umberto Caligaris

• Mauro German Camoranesi

• Fabio Capello

• Franco Causio

• John Charles

RICCARDO ANDREASI

- Gianpiero Combi
- Antonio Conte
- Antonello Cuccureddu
- Edgar Davids
- Alessandro Del Piero
- Luis del Sol
- Didier Deschamps
- Angelo Di Livio
- Ciro Ferrara
- Giuseppe Furino
- Claudio Gentile
- John Hansen
- Paolo Montero
- Pavel Nedved
- Raimundo Orsi
- Carlo Parola
- Angelo Peruzzi
- Gianluca Pessotto
- Michel Platini
- Pietro Rava
- Fabrizio Ravanelli

- Virginio Rosetta

- Paolo Rossi

- Sandro Salvadore

- Gaetano Scirea

- Lucidio Sentimenti IV

- Omar Sivori

- Alessio Tacchinardi

- Stefano Tacconi

- Marco Tardelli

- Moreno Torricelli

- David Trezeguet

- Gianluca Vialli

- Zinedine Zidane

- Dino Zoff

TOP 10 - PRESENZE E RETI

Maggior numero di presenze (tutte le competizioni)

1. Alessandro Del Piero: 705

2. Gianluigi Buffon: 685

3. Giorgio Chiellini: 561

4. Gaetano Scirea: 552

5. Giuseppe Furino: 528

6. Leonardo Bonucci: 502

7. Roberto Bettega: 482

8. Dino Zoff: 476

9. Giampiero Boniperti: 459

10. Sandro Salvadore: 450

Maggior numero di reti segnate (tutte le competizioni)

1. Alessandro Del Piero: 290

2. Giampiero Boniperti: 182

3. Roberto Bettega: 178

4. David Trezeguet: 171

5. Omar Sivori: 167

6. Felice Borel: 161

7. Pietro Anastasi: 131

8. John Hansen: 124

9. Roberto Baggio: 115

10. Paulo Dybala: 115

PALLONI D'ORO BIANCONERI

Il Pallone d'Oro è un premio calcistico istituito nel 1956 dal periodico sportivo francese France Football e assegnato annualmente al giocatore che più si è distinto nell'anno solare, militando in una squadra di un qualsiasi campionato del mondo (dal 1995, prima la selezione era limitata ai campionati europei).

La Juventus è una delle società che vanta il maggior numero di giocatori premiati con il Pallone d'Oro, ben 7 per un totale di 9 premi.

Nel dettaglio:

• Omar Sivori: 1961

• Paolo Rossi: 1982

• Michel Platini: 1983; 1984; 1985

• Roberto Baggio: 1993

• Zinedine Zidane: 1998

• Pavel Nedved: 2003

• Fabio Cannavaro: 2006 (poi passato al Real Madrid)

CAPITANI DELLA JUVENTUS

Classifica dei giocatori bianconeri che hanno indossato la fascia di capitano, in base al numero di stagioni:

• Alessandro Del Piero – 11

• Carlo Bigatto - 7

• Giampiero Boniperti – 7

• Giuseppe Furino – 7

• Pietro Rava – 7

• Gianluigi Buffon – 6

- Virginio Rosetta – 6

- Ernesto Castano – 5

- Antonio Conte – 5

- Gaetano Scirea – 5

- Giorgio Chiellini – 4

- Carlo Parola – 4

- Sandro Salvadore – 4

- Mario Varglien – 4

ALLENATORI DELLA JUVENTUS

Top 10 Allenatori per partite in panchina

1. Giovanni Trapattoni: 596

2. Massimiliano Allegri: 420

3. Marcello Lippi: 405

4. Heriberto Herrera: 224

5. Carlo Parola: 210

6. Carlo Carcano: 161

7. Čestmír Vycpálek: 157

8. Antonio Conte: 151

9. Virginio Rosetta: 139

10. Carlo Ancelotti: 114

Top 10 Allenatori per titoli vinti

1. Giovanni Trapattoni: 14

2. Marcello Lippi: 13

3. Massimiliano Allegri: 11

4. Carlo Parola: 5

5. Antonio Conte: 5

6. Carlo Carcano: 4

7. Renato Cesarini: 3

8. Heriberto Herrera: 2

9. Čestmír Vycpálek: 2

10. Dino Zoff: 2

11. Andrea Pirlo: 2

I PRESIDENTI DELLA JUVENTUS

Dalla sua fondazione nel 1897, la Juventus ha avuto ventitré presidenti e due comitati di gestione. Dal 1923 la società è controllata dalla famiglia Agnelli, una situazione unica nel panorama calcistico mondiale. La presidenza più lunga è stata quella di Giampiero Boniperti (1971-1990). La presidenza che vanta il maggior numero di trofei conquistati è quella di Andrea Agnelli, al momento giunta a 19 trofei.

• 1897-1898 Eugenio Canfari

• 1898-1901 Enrico Canfari

• 1901-1902 Carlo Favale

- 1903-1904 Giacomo Parvopassu

- 1904-1906 Alfred Dick

- 1907-1910 Carlo Vittorio Varetti

- 1911-1912 Attilio Ubertalli

- 1913-1915 Giuseppe Hess

- 1915-1918 Comitato Presidenziale di Guerra: Gioacchino Armano, Fernando Nizza e Sandro Zambelli

- 1919-1920 Corrado Corradino

- 1920-1924 Gino Olivetti

- 1924-1935 Edoardo Agnelli

- 1935-1936 Enrico Craveri e Giovanni Mazzonis

- 1936-1941 Emilio de la Forest de Divonne

- 1941-1947 Piero Dusio

- 1947-1954 Gianni Agnelli

- 1954-1955 Comitato provvisorio: Enrico Craveri, Luigi Cravetto e Marcello Giustiniani

- 1955-1962 Umberto Agnelli

- 1962-1971 Vittore Catella

- 1971-1990 Giampiero Boniperti

- 1990-2003 Vittorio Caissotti di Chiusano

- 2003-2006 Franzo Grande Stevens

- 2006-2009 Giovanni Cobolli Gigli

- 2009-2010 Jean-Claude Blanc

- 2010-2023 Andrea Agnelli

- 2023-presente Gianluca Ferrero

Dati aggiornati al 23/9/2025

Ringraziamenti

Gentile lettore,

prima di tutto, desidero ringraziarti per aver acquistato e letto questo libro. So che ci sono tanti altri libri dedicati alla nostra squadra del cuore, ma tu hai scelto il mio e te ne sono grato. La Juve è la mia passione ed il lavoro di ricerca necessario per realizzare questo libro mi ha reso ancora più consapevole della grandezza della nostra Storia.

Se questo libro ti è piaciuto, mi farebbe immensamente piacere se trovassi cinque minuti di tempo per lasciare una recensione positiva su Amazon. E' un piccolo gesto ma mi aiuterebbe sia a far conoscere ad altri il mio lavoro sia a supportare i miei futuri progetti editoriali.

Grazie mille e Forza Juve!

P.s.: le partite memorabili della nostra Juve sono ovviamente molto più di 100. Se ce n'è qualcuna che ti è rimasta nel cuore e non ho citato su questo libro, puoi scrivermi a **info@yourbookshelf.top** e vedrò di aggiungerla nelle prossime edizioni di "Juventus, Fino alla Fine"! Puoi usare lo stesso indirizzo per segnalarmi anche inesattezze o link non piu' funzionanti, provvederò a correggerli al piu' presto.

Crediti Fotografici

- Illustrazioni copertina: Shutterstock Vector ID 1709759152 (Editorial Use)
- Foto di Giorgio Chiellini: Shutterstock RF Stock Photo ID 2046027023 (Editorial Use)
- Juve 1976/77: https://bit.ly/3C8LaiV – (Pubblico dominio)
- Juve 1983/84: https://bit.ly/3fKQCRv – (Pubblico dominio)
- Juve 1995/96: https://bit.ly/3eaQ2Mg – (Pubblico dominio)
- Juve 2000/01: https://bit.ly/3SDIsJ6 – (Pubblico dominio)
- Juve 2014/15: https://bit.ly/3SF1I9d – (Creative commons – Attribution: Leandro Ceruti from Rosta, Italia)
- Juventus Stadium: https://bit.ly/3rBnZZM – (Creative commons - Attribution: forzaq8 from Kuwait, Kuwait)
- Juve 2016/17: https://bit.ly/3RFaG4Q – Creative commons - Attribution: Leandro Ceruti from Rosta, Italia)

www.ingramcontent.com/pod-product-compliance
Lightning Source LLC
Chambersburg PA
CBHW071358120626
46546CB00002B/745